自然太极拳29式

祝大彤　著

人民体育出版社

图书在版编目(CIP)数据

自然太极拳29式/祝大彤著. -北京：人民体育出版社，2013

ISBN 978-7-5009-4397-6

Ⅰ.①自… Ⅱ.①祝… Ⅲ.①太极拳-基本知识
Ⅳ.①G852.11

中国版本图书馆CIP数据核字(2013)第002303号

*

人民体育出版社出版发行
三河兴达印务有限公司印刷
新 华 书 店 经 销

*

850×1168 32开本 5.25印张 120千字
2013年3月第1版 2013年3月第1次印刷
印数：1—5,000册

*

ISBN 978-7-5009-4397-6
定价：20.00元

社址：北京市东城区体育馆路8号（天坛公园东门）
电话：67151482（发行部） 邮编：100061
传真：67151483 邮购：67118491
网址：www.sportspublish.com
（购买本社图书，如遇有缺损页可与发行部联系）

太极拳与文化

（代序）

没有太极拳就没有太极文化。太极拳与文化的关系源远流长，像阴阳相济互抱不离，没有文化传播，太极拳也不会有繁荣的今天。我们称太极拳是文化，大概没有人反对这种看法。太极拳走出国门，在世界各地传播只是时间的问题。

太极拳走向世界不是因为拳脚功夫，而是因为它迷人的文化魅力，以及东方文化深厚的底蕴，使世界的太极拳爱好者信服“太极拳好”，从习练中知道太极拳是哲学拳、医学拳，对于人类保健养生、内外双修是上乘的养生功法；认识到太极拳是中华民族宝贵的文化遗产，从学练太极拳中，认识了中华民族文化博大精深。

太极拳是文化不容置疑，太极拳是高品位的文化，太极门松功的《内功学》同样是一种文化现象。因为松功成就的人不多，未能成为氛围。关于太极文化，前国家武术院的老院长徐才先生谈得深刻，而且对当今的修炼很有针对性。他认为：“太极拳是东方体育文化的一块瑰宝。”追根溯源，太极文化是在我国五千年文明史的发展中孕育而成的。有人不了解武术文化，思路打不开，难以把握太极拳的文化品味。它的保健、养生、益脑、健脑的卓越功效，它的文化价值比拳技丰富多了。

太极拳是文化，独树一帜，自成体系。太极拳不能与一般的拳种混为一谈，我们不能自己将太极文化降低到谈武论打的窘地。张三丰祖师说:“不徒作技艺之末。”太极拳不是以武论道,太极拳人不可不细微体味。太极拳冲出国门,走向世界,怎么走,是值得我们深思的一个问题。徐才先生在上世纪90年代初就强调过,他说:“太极拳所体现的阴阳学说,是中国古代哲学的重大思想成果。”太极拳走向世界,是有丰富内涵的太极文化。“作为东方体育文化瑰宝的太极拳,它蕴含着丰富的古典哲理,不同于西方体育只重生理机制;它强调整体性,不同于西方体育重局部分解;它以经络学说为基础,不同于西方体育以解剖学为基础,太极拳确有它的独到之处。可引导人们从躯体锻炼的此岸达到心灵净化的彼岸,真是好得很!”(引自徐才《“太极拳好”的遐思》)读了这段文字,令人热血沸腾。只有太极文化走向世界,才是太极拳真正走向世界,并不是什么式什么式到国外去教套路。我们的目的不是单单向外国朋友介绍、教授中国太极拳,而是传播中华民族珍贵的文化遗产,弘扬太极文化。太极文化是中华民族,也是全人类的文化精髓。以太极拳为切入点和媒介,让国际朋友们理解它,使之重视中华民族的传统文化。太极文化走向世界,没有高知识阶层的太极拳修炼者,是难以完成这个使命的。

徐才将武术文化看成为一个世界性的事业,他在《徐才武术文集》中向读者敞开心扉,“我把武术看作是一个文化性的事业。发展武术是弘扬中华民族优秀传统文化的一个壮举。武术太极拳作为传统文化的一个组成部分,涵盖着中国古典的哲学、美学、伦理学、兵法学、中医学等博大文化的内容。习练武术不只可以健身强体,而且会受到中国传统文化的感染和熏陶。看到海内外朋友在习武练拳时,从一招一式体会阴阳太极之理,品味养生处世之道,真可谓是一个绝好的中国传统文化课。优秀的传统文化是需要通过一个载体去传播的，武术太极拳就是一个文化传播的载体”。

徐才老院长时时关心传统太极拳的承传和发展，不要搞什么式，只有循太极拳的规律，太极拳的阴阳学说，按太极拳的特性循规蹈矩去修炼，才有可能真正弘扬博大精深的太极文化。徐才希望我们遵太极文化之规律将太极松功绝学传下来，不要把这块丢掉。

初学者，在习练自然太极拳的同时，要着重对太极文化给予关注，注重拳的文化内涵，不是干巴巴学一套拳。多练，熟能生巧，在习练自然太极拳的时候，深层次体验太极文化。

摘自《太极内功解秘》增补珍藏版

普及版说明

自然太极拳29式从《自然太极拳》一书中萃取拳之精华编著而成。

传统太极拳的拳理源于老庄哲学。老子《道德经》云：虚极，守静、复归于朴；人法地，地法天，天法道，道法自然。太极拳要虚极守静，太极拳修炼到神明境界是返真归朴，道法自然，自然是修太极拳的大道。吴图南大师说，太极拳要顺先天自然。杨禹廷大师说，练太极拳不要拿劲要自然。

自然太极拳的修炼特点，是循太极拳的运动规律和运行轨迹，师法自然，拳之规范，习拳轻灵，用意不用力，在阴阳变化中，循弧形线，上善若水，如行云流水、松柔动态运行，以健体强身，祛病益寿。

武术界老领导老朋友徐才公对武术文明倾心善渊，他对我们说："太极拳不要什么式。"太极拳是祖国的珍贵文化遗产，弘扬中华民族的传统文化，是我们共同的责任。

近年来，各界自然太极拳爱好者认为常练此拳，健体、强身、祛病、延年，良益多多。但拳式多，架式多变复杂，短时间难以把握。当前生活节奏快、时间紧，难以抽出大块时间习练，要求拳式简便、再简便。

根据读者意见，将81式简化成29式120动普及版。一天学练一个式子，一个月29式便学练结束。一周学练7个式子，一周复习，两个月学练29个式子，功夫更为扎实。以后越练越熟，熟能生巧。王宗岳在《太极拳论》中说：“由着熟，而渐悟懂劲，由懂劲而阶及神明。”熟练后再修为，一层一层深入解开传统太极拳的精进练法。从此越练越精，内功上身，是顺理成章的事情。

有个功法上的事说明：习练一套太极拳健体强身是初步的要求，有个好身体干什么都方便。有人深一层修炼是很自然的事情，欲深研，身上的各个部位要按太极拳技艺的要求去整合。

1. 其根在脚

自然太极拳的根基是脚。先贤大师武禹襄特别强调“其根在脚”，他又指出：“由脚而腿而腰，总须完整一气。”我们经多年磨炼，悟到脚下重心在后脚跟，即小腿骨正中间下垂点处。

2. 八方线中心点

文中多次提到“脚下中心点”。实腿周围360°，中心点是实脚的重心点。在操作时脚下重心不乱，心里明白，脚下重心点不乱。

3. 立柱式身形

在各式中重心脚在八方线中心点上，身形便是单腿重心立柱式身形。脚下八方线，即北、东、南、西、西北、东北、东南、西南等四面八方，拳中称方向方位即八方线。

4. 方向方位

方向指北、东、南、西四正方向，一个拳式方向和方位不一致，要注明。如“斜单鞭”为方向正东，方位东南。

5. 阴动阳动

阴阳动由脚下分。阴动实脚左后下或右后下虚松（图 1），阳动从脚后跟往前舒展（图 2）。

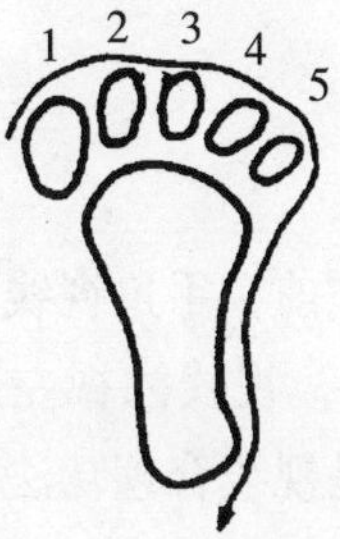

图 1　右虚（渐右后下虚松）

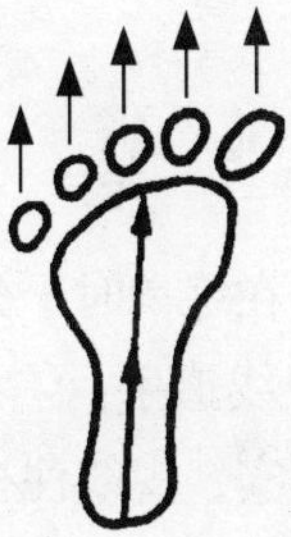

图 2　左实（从脚后跟向前舒展）

6. 安舒中正

身形中正鼻为中心，鼻子不正身歪斜，所以鼻为身形的中心。安舒是心的安静，先有心神意气的安舒后有身形的中正。太极拳经中，有“先在心后在身”的说法。

7. 弧形线

前文提起实脚是八方线中心点，弧形线是半圆的弧线边沿，走向从低点到高点，再到低点。如图 3。拳套路路线均为弧形线走向。请在实践中摸索体验。太极拳没有直线，没有横线。

往深层修炼，要求练家空手轻轻扶着拳路线走。

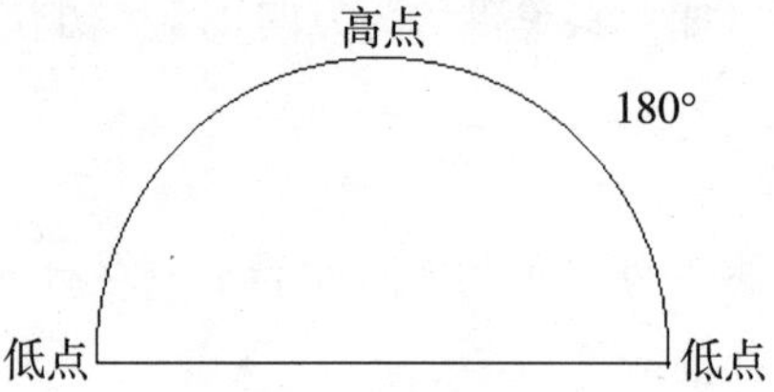

图3 弧形线图

8. 视线

视线在练拳时十分重要，阳动视线在前，手追视线；阴动手在先视线追手。右脚实，左掌为实手，视线注视左手食指梢。左脚实，视线注视右掌食指梢。这是视线合理功法。对于初学者不要求视线，有无视线无碍，看前手指即可。

9. 其他

练拳要求被动，“三动三不动”，即不主动不妄动，手动脚不动，脚动手不动，手脚齐动，等等，都不是初学者关注的。初学者将式与式衔接记牢，套路熟练便可以了。如果深研求内功上身，深层修炼就要深入多了，现在先不要涉及。

10. 随书附有29式普及拳影像资料（光碟一张）。

目 录

自然太极拳 29 式功架 ………………………………… (1)

无极势 ………………………………………… (1)

(一) 太极起势 4 动 ……………………… (3)

(二) 揽雀尾 8 动 ………………………… (7)

(三) 斜单鞭 2 动 ………………………… (16)

(四) 提手上势 4 动 ……………………… (19)

(五) 白鹤亮翅 4 动 ……………………… (23)

(六) 搂膝拗步 8 动 ……………………… (28)

(七) 手挥琵琶 2 动 ……………………… (36)

(八) 上步搬拦捶 4 动 …………………… (38)

(九) 如封似闭 2 动 ……………………… (43)

(十) 抱虎归山 2 动 ……………………… (45)

(十一) 左高探马 2 动 …………………… (47)

(十二) 右转右分脚 4 动 ………………… (49)

(十三) 下势 2 动 ………………………… (54)

(十四) 金鸡独立 4 动 …………………… (56)

(十五) 倒撵猴 6 动 ……………………… (61)

(十六) 斜飞势 6 动 ……………………… (67)

(十七) 左转搂膝 4 动 …………………… (73)

(十八) 左蹬脚 4 动 ……………………… (77)

（十九）右蹬脚　4动 …………………… （81）
（二十）双峰贯耳　2动 …………………… （85）
（二十一）弯弓射虎　4动 …………………… （87）
（二十二）东揽雀尾　4动 …………………… （91）
（二十三）北单鞭　2动 …………………… （96）
（二十四）上步措掌　2动 …………………… （98）
（二十五）玉女穿梭　8动 …………………… （100）
（二十六）上步揽雀尾　8动 …………………… （109）
（二十七）单鞭　2动 …………………… （118）
（二十八）云手　10动 …………………… （120）
（二十九）收势（合太极）　2动 …………………… （129）

自然太极拳道法 …………………… （132）

自然太极拳心法 …………………… （138）

自然太极拳拳法 …………………… （142）

祝大彤拳照赏析 …………………… （149）

太极文化和文化太极（代跋） …………………… （151）

自然太极拳29式功架

无极势

习练自然太极拳先要站好无极势，周身放松。所谓放松，首要从脚往上放松九大关节，比较顺畅。无极势久站是无极桩，有时间的朋友可以尝试。练拳之前站好无极势，是为“洁源清流”。

无极势内功操作如下：

练时必须遵从应知理论，要尽所知按拳学从周身放松开始。面南而立，两脚相距肩宽，周身上下九大关节、脚及脚趾平松落地，重心在后脚跟中心点，似站在厚草坪上，脚趾松空无限有上浮之感，脚下双轻。脚踝有热扩感。膝有上提感。松胯，有左右外开下沉感。空腰，腰不要有力，要忘记自己的腰。肩自然下松，居高楼层上者，可随时用意识将肩下松至一层更佳。肘自然下垂。松腕。手要空，食指轻扶空气。溜臀、裹裆、注意收吸腹股沟，收小腹、收腹。空胸，微微而自然收胸窝，左右胸窝有后吸感。圆背，不要刻意去拔背。弛颈，顶上虚灵，周身内外不挂力。如此站立，检查自身以要自然舒服，心、神、意、气安静为好。（图4）

图4

注意，站无极势不要有意念，也不要意守丹田。一位佛门大师说："丹田练意不存意。"吴图南、杨禹廷两位太极大家均反对意守丹田。取松松、空空、虚虚、自自然然，身心舒畅、舒服为好。这是无极势身形，松功单操手和练拳、推手均应取无极势身形。

无极势除了注意松脚（趾）、踝、膝、胯、腰、肩、肘、腕、手（指）九大关节，以及裹裆、溜臀、收腹、收吸左右腹股沟、空胸、收左右胸窝、圆背、弛颈外，还要注意顶上虚灵等十项要求。练拳前站三五分钟，时间越长越好，静下心来尤佳。

以下各式的步型、方向、方位、实脚、虚脚、手型、实手、虚手、视线、内功操作等逐一叙述。

习练自然太极拳29式，为简化普及的练法，无意念，操作注意方向方位，阳动手追视线，阴动视线追手，不管视线练亦可。

开练用力，渐渐用劲小，功成不用力，一层一层往深里练，但应先将一式接一式的套路练熟。

提示：每动要注意空腰、空手脚四梢。

（一）太极起势　4动

1.　左脚左移（阴动，阴顶）

【步型】①自然步：一顺脚宽，脚尖向前，两脚双重。（图5）

②平行步：两脚平行站定，双重，一肩宽。（图6）

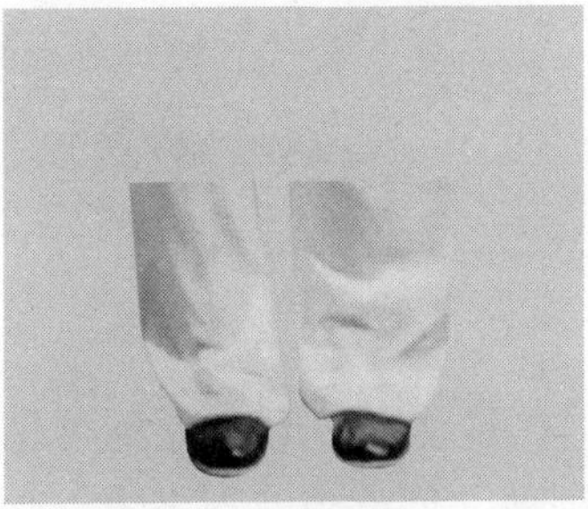

图5　自然步

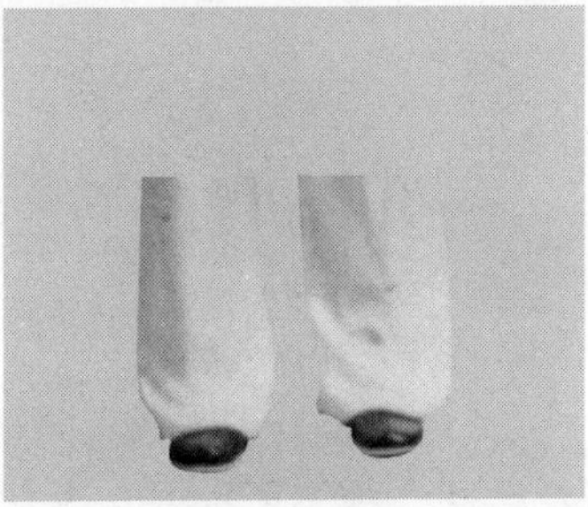

图6　平行步

【方向】面南而立。

【方位】两脚平行步，“八方线”中心点在两脚中间。

【实脚】松双脚，左脚松到阴顶百会穴，从顶松下至右脚，右脚实足（以下以实脚，即实腿说理）。

【虚脚】左脚虚净，自然左开，相距一肩宽，大脚趾虚点地。

【手型】手掌平不挂力，中指与无名指虚靠，小指虚松。注意小手指始终虚松，不挂力。食指松，不挂力，松虚轻扶空气。拇指松，松圆虎口。双手自然下垂。

【实手】左手实手松垂，手心向内。

【虚手】右手虚手松垂，手心向内。

【视线】视线在前半米平视。（图7、图8）

图7

图8

【内功操作】改变动作习惯，在移动重心时千万不可左右横移。重心的变转以实脚松上到顶，再下到虚脚完成重心变换。

2. 两脚平立（阳动，阳顶）

【步型】平行步。

【方向】面南而立。

【实脚】右实脚松。

【虚脚】左虚脚虚落脚。

【视线】平远视。（图9）

图9

【内功操作】左虚脚平落，不要主动，左实脚松，右脚松，左脚被动从大趾、二趾、中趾、四趾、小脚趾逐一落地，前脚掌及脚后跟依次平松落地后，两脚从脚后跟向前舒展，脚趾松得越远越佳。

1、2两动一阴一阳，阴隐阳显。脚平松落地，注意落地千万不要踩地，应似站在厚草坪上或站在五星级饭店的加厚地毯上，左右十个脚趾的小关节要放松。松脚，脚神经有拒地感，坚实脚下功夫。注意不要加任何意念。这种松脚法贯串全部运动过程。

3. 两腕前掤（阴动，阴顶）

【步型】平行步。

【方向】面南而立。

【实脚】脚为双重。

【实手】垂掌掌心渐向内，左右掌渐变化为掌心相对，上行45°时，掌心向下，与肩平，渐松拢成为虚钩手。（图10）

图 10

【内功操作】松肩，自然垂肘，每个动作，动则要松肩垂肘。

4. 两掌前下（阳动，阳顶）

【步型、方向、实脚】与第 3 动同。

【手型】虚钩手渐向前舒展为俯掌。（图 11、图 12）

图 11

图 12

【内功操作】双俯掌向前舒展到45°，松肩、垂肘外下弧轻扶，似主动回臂，但不要主动，松肩回捋，屈膝下坐，左右掌在左右胯侧停，两掌虎口向外，掌心向下。

两臂松回，先逐渐松脚、松踝、松膝、松胯、松腰、松肩、垂肘、展指舒腕，逐渐松到双手指梢，勿自往回撤手。

阴动收敛入骨，与对方接触，接触点松到脚，盘拳相同。

阳动从脚往上舒展经九大关节到实手指梢，肢体没有往前的意念，从心、神、意、气、筋骨、肌肉、皮毛向外舒展。

注意：脚有虚实，手有虚实。左实手与右实脚结合，右实手与左实脚结合。手脚结合，在拳理上称为“上下相随”。自己的手脚很难相随，要注意阴动脚引手，阳动手引脚，日久即见功夫。

（二）揽雀尾　8动

1. 左抱七星（阴动，阴顶）

【步型】右坐步式。

【方向】面南。

【方位】正南。

【实脚】右脚实，尾闾即长强穴“坐”在右后脚跟。脚尖、膝尖、鼻尖在上下一条线上。右脚在八方线中心点。

【虚脚】虚脚虚净，左脚虚，左隅位出脚约30°，左虚脚脚跟虚着地，脚尖上扬。

【手型】实手仰掌。

【实手】左实手仰掌（坡形，掌心向上），上弧松腕，无名指引向前正线运行，拇指遥对鼻尖。

【虚手】右虚手掌心向左，拇指、食指撑圆虚合于左肘侧。

【视线】注视实手拇指梢。（图13）

图13

【内功操作】接起势四动，阳动止点是阴动的起点，身形不变，松左脚由双重变转为右脚（腿）重心。实手拇指遥对鼻尖。注意顶上（百会穴处）虚灵。

每个动作松腰，腰不要用力，也不要以腰带手带脚。

实脚不要踩地，周身松不挂力，头上虚灵神顶，周身轻松。注意松腕。

2. **右掌打挤（阳动，阳顶）**

【步型】左腿弓步。

【方向】面南。

【方位】正南，左脚弓步在八方线中心点，脚后跟下为中心点。

【实脚】 左脚实弓步，脚尖、膝尖、鼻尖在一条竖线上。膝尖与大趾大敦穴平齐为止，不可向前“跪膝”，跪久伤膝。

【虚脚】 右腿虚直，如觉不舒适，脚后跟可向内扣。

【手型】 变转为横掌虚手掌心向内。

【虚手】 左实手松腕，变转为虚手，掌心向内，上弧轻扶。

【实手】 右虚手变转为右实手立掌，掌心向外，合左手脉门。食指遥对鼻尖。

【视线】 从右实手食指上方平远视。（图 14）

图 14

【内功操作】 松右实脚，吸收左右腹股沟，左脚松平落地，脚后跟为重心。松右实脚，以减法从 10 渐至 9、8、7、6、5、4、3、2、1、0，右腿虚净；左脚由 0 渐加至 1、2、3、4、5、6、7、8、9、10，左腿由虚变实为弓步。注意，虚腿变实腿，虚脚不帮忙，变转虚实腿以减加法。

3. 右抱七星（阴动，阴顶）

【步型】 弓步变坐步。

【方向】 面南变转为面西。

【方位】 面西，左腿坐步。

【实脚】 左实脚弓步变转为左实脚坐步，脚下为八方线中心点。

【虚脚】 弓步右虚脚变转为左坐步的虚脚，右脚后跟松着地，脚尖上扬。

【手型】 仰掌。

【实手】 右实手仍为实手，仰掌（坡形）。

【虚手】 左手仍为虚手。拇指、食指虎口圆撑，虚合在右实手肘弯部位。

【视线】 注视右手食指梢。（图 15、图 16）

【内功操作】 2~3 动均是左脚为实脚，在从面南变为面西时，以左实脚脚后跟与阳顶上下一条线松转，右虚脚处于松虚

图 15

图 16

状态。不要以腰带动右转。注意要在空腰以及上下关节松空状态下，方可轻灵转动。转变方向以左胯松转为准确内功操作，右腿不能加力协助左腿转方向。

拳法的先减后加，是指实脚变虚脚用减法，不是突变而是渐变，从10减到0，加法是从0加到10。如右脚减，先松脚大趾，再依次松至脚小趾，然后是前脚掌，再至脚后跟……渐松减。

4. 左掌打挤（阳动，阳顶）

【步型】 右弓步。

【方向】 面西。

【方位】 西正位。

【实脚】 右腿从虚腿变转为弓步。右脚下为八方线中心点。

【虚脚】 左腿松，虚直，如不舒适可内扣脚后跟，如变转为坐步，脚前掌要外开为正脚形。

【实手】 左手实，立掌打挤，掌心向外，上弧轻扶。

【虚手】 右实手松肩、垂肘、松腕，从10逐渐松减至0，变转为虚手，掌心向内。

【视线】 从左手食指梢上平远视。（图17）

【内功操作】 坐步变转为弓步，仍以先减后加的拳法，松实腿、减力，逐渐使虚腿由虚变实。

在弓坐步的虚实腿变换中，以吸收左右腹股沟退去身

图17

上本力。注意不要将全身重量都压在坐弓步的实腿上。更不可压在膝上，放松大腿，要脚跟虚灵减压。

5. 右掌回捋（阴动，阴顶）

【步型】右弓步变转为左坐步。

【方向】正西。

【方位】面西。

【实脚】右脚实弓步，变转为左脚实坐步。八方线中心点从右脚下又变转到左实脚下。

【虚脚】随弓步变转为实腿坐步时，虚脚变转为实脚。

【实手】手背向上外弧轻扶回捋至右胯上方，前臂要平，手位不可下垂。

【虚手】左手心向上，中指轻扶右实手脉门。

【视线】视线从平远收回追视右实手食指。（图 18、图19）

【内功操作】右实手向西北 22.5°舒展，松小指、松肩、垂肘，掌心向下看似右手回捋，此时是脚下弓步变转为坐步，弓

图 18

图 19

步变转坐步是脚的阴阳虚实变化，手的动作很少。

在虚实腿坐、弓步及弓、坐步的阴阳虚实变转中，收吸左右腹股沟起着决定作用，这是内功上身的关要。注意阴阳从脚下始，要刻意进行“太极脚”的修炼。

6. 右掌前掤（阳动，阳顶）

【步型】弓步、坐步。

【方位】左右脚弓、坐步变换重心。

【方向】面西、偏西北13°左右，面北。

【实脚】由左实脚坐步变换成右实脚弓步，再变换成左实脚坐步。八方线中心点在实脚下。

【虚脚】虚右脚变弓步成虚左脚，左坐步再变换成虚右脚，脚尖上扬。

【实手】实手仰掌掌心向上，外弧轻扶。

【虚手】左手中指轻扶右腕脉门随实手动。

【视线】视线在前，右实手追视线。（图20—图22）

图20

图21

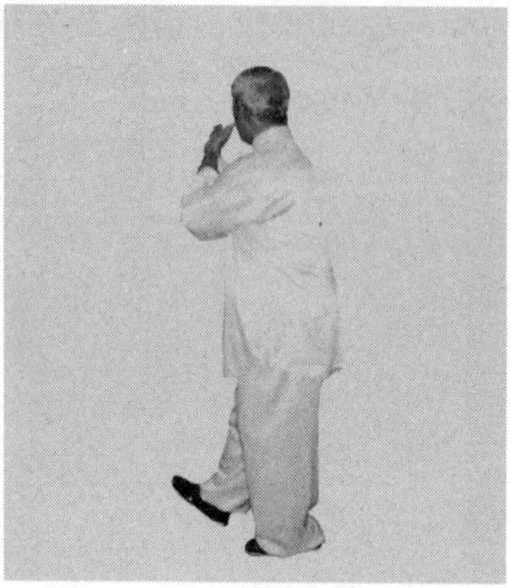

图 22

【内功操作】 阳动手引脚，视线在前，手追视线，但右实手指梢与眼平，因左腿坐步变右腿弓步，再变左腿坐步，手随脚下坐弓步变换似手运动。实手随坐步—弓步—坐步的变换，从正西前掤运行至西北隅位，再后掤，运行至北面，走一个90°圆弧。

松脚收吸腹股沟，松脚、松踝坐弓步。

7. 右掌前舒（阴动，阴顶）

【步型】 右脚内扣。

【方向】 面北变换成面向西南。

【方位】 身位向西，运行至向西南。虚实脚变换，但实脚下是八方线中心点。

【实脚】 左实腿坐步。

【虚脚】 右脚虚，随式变换向南，扣前脚掌，形成八字步。

【实手】 右实手掌心向上，掌指向北，渐渐变换为立掌，掌心向南。

【虚手】左虚手中指轻扶右实手脉门虚随。

【视线】注视实手食指梢。（图23）

图23

【内功操作】第6动右实手掌心向上后捌至指尖向北止，高与眼平，视线注视右食指。注意松肩、垂肘，前臂、肘上下垂直，不可歪斜，渐变立掌，松左胯向南运行，右肘与右脚扬起的脚尖上下遥对，扣右脚前掌成八字步型，右手随、不动。面渐向西南隅位。身形变转，不可以腰带，空腰以左胯变转方位。

从脚上至手逐一放松九大关节。

8. 右掌右展（阳动，阳顶）

【步型】八字步。

【方向】西南隅位。

【方位】西南。

【实脚】八字步，由左实脚渐变为以右实脚为八方线中心点。

图 24

【虚脚】左虚脚。

【实手】右立掌，掌心向南，上弧轻扶。

【虚手】左虚手中指梢轻扶右实手腕脉门虚随。

【视线】顺右手食指梢远望。（图 24）

【内功操作】脚下左脚支持重心渐变为右脚支持重心，左脚后跟虚起。脚下左右脚重心变换，身形从东向西转约30°，右实掌看似运动实则不动。这个动作的过程以收吸左右腹股沟完成，身形不动，不要有动意。

实腿实足，虚腿虚净，空腰，按照自己对拳艺的理解去松脚、踝、膝、胯、腰、肩、肘、腕、手九大关节，注意肩以下、胯以上躯干要空，每动要收小腹、收腹、空胸。

（三）斜单鞭　2动

1. 右掌变钩（阴动，阴顶）

【步型】坐步。双膝不用力，收腹股沟坐。

【方向】面向西。

【方位】身形正西南。

【实脚】右实脚坐步。脚下为八方线中心点。

【虚脚】 左虚脚虚靠于右脚内侧。

【实手】 右实手空掌，松腕，自然松拢五指，食指引领向外上弧圆松变虚钩，腕与眼平，拇指与食指、中指虚贴，无名指、小指松垂，指尖向下。此处右手说钩不是钩，拇指和其余四指虚合即可。

【虚手】 左虚手掌心向上，食指、中指、无名指、小指指背虚贴于右实手手腕部位。

【视线】 注视右腕隆起部位。（图 25）

图 25

【内功操作】 右实手变钩时，定要虚左脚，松腕，右手五指自然松拢。原立掌食指梢与眼平，松拢变钩的过程五指应上弧前圆松拢成钩状，腕应与眼平。

2. 左掌弧捋（阳动，阳顶）

【步型】 马步。

【方向】面向正东。

【方位】身形东南。

【实脚】左右脚双重，左右脚中间尾闾垂点为八方线中心点。

【实手】左实手从掌心向上运动，渐渐变为掌心向西，再变为掌心向东。手指向外侧45°，为斜掌状。

【虚手】右虚手虚钩不动，要低于左实掌。

【视线】从左拇指内侧小关节远望。（图26、图27）

图26

图27

【内功操作】右坐步腿不动，原地松；左脚沿西南至东北隅线后伸，松右脚，收吸右腹股沟，落左脚，身形渐变东南隅位。左脚大趾、二趾、中趾、四趾、小趾逐一落地。

左实手弧形线运动到鼻前方，掌心变转为向东位，双脚重心成为马步；面正东。

斜单鞭动作大，左实手运行90°弧线，收腹股沟双坐马步。上身不可主动，随脚下阴阳变化而动。

（四）提手上势 4动

1. 右抱七星（阴动，阴顶）

【步型】左坐步。

【方向】面南。

【方位】正南。

【实脚】左脚实，脚下为八方线中心点。

【虚脚】右脚虚，脚后跟虚着地，脚尖上扬。

【实手】右手实，掌外上弧坡形，掌心向上，拇指对鼻尖。

【虚手】随身形向东南变正南，左虚手外上弧运行，食指、拇指虚靠右肘。注意身形方位渐变转为正南，由左右腿虚实变化运行，左实手渐变为虚手不动。

【视线】注视右手拇指梢上一寸。（图 28）

图 28

【内功操作】 此势接“斜单鞭”2动（阳），右手虚钩变仰掌，向南引视线，同时，向南正位扣左脚，脚尖指向正南，左坐步形成右手抱七星。

松左右脚，双重变换为左脚重心坐步，收吸左腹股沟。

2. 左掌打挤（阳动，阳顶）

【步型】 右弓步。

【方向】 面南。

【方位】 正南，右实脚为八方线中心点。

【实脚】 右实腿弓步，右膝、鼻尖与右脚尖上下相对，后面长强穴“坐”在右脚的脚后跟部位。脚下为八方线中心点。向右转胯，左手食指对鼻尖，左脚可轻松上来。

【虚脚】 左腿虚直，后脚脚掌可以稍向内扣，避免强直出力。

【实手】 左虚手变化为实手，上弧渐立掌，掌心向外外弧运行至对右腕脉门。食指对鼻尖，下一动左虚脚方可上来。

【虚手】 右实手由掌心向上变化为虚手，掌心向内。

【视线】 从左手食指上远望。（图29）

图29

【内功操作】右实手掌心向上，逐渐变化为虚手，掌心向内，循减法渐变要慢，左虚手从右脚位逐渐虚变实时循右前臂上弧到右腕脉门位，虚手渐变为实手。

3. 右掌变钩（阴动，阴顶）

【步型】右弓步变转为平行步。

【方向】面南。

【方位】南偏西南约 12°。

【实脚】右脚实，脚下为八方线中心点。

【虚脚】左虚脚上步变为肩宽平行步。

【实手】右掌变化为右手钩。掌变虚钩以小指、无名指、中指、食指、拇指逐一松拢。

【虚手】左虚手。

【视线】仰视右手拇指横下方。（图 30、图 31）

【内功操作】右手钩向西南侧约 12°，左虚脚上步成为平行步形，左虚手向下运行，掌心向下，右手钩向上运行到极限，注意松肩、垂肘。

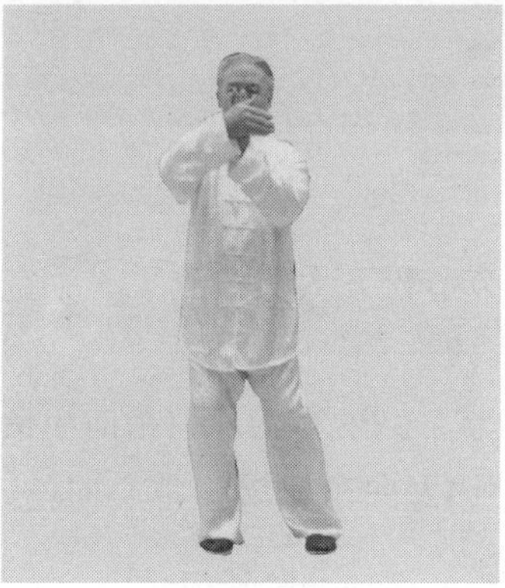

图 30

图 31

4. 右钩变掌（阳动，阳顶）

【步型】平行步。

【方向】面南，上仰。

【方位】南位。

【实手】右实手钩，外弧。

【虚手】左虚手松落于小腹上方，掌心向下。

【实脚】右脚单重，右脚下为八方线中心点。

【虚脚】平行步，左脚为虚脚。（图32）

图32

【内功操作】松右实脚，往上节节松九大关节到手，手空腕松。

此动动作很小，右手钩展开为掌，钩变掌为从拇指向小指次序逐一展开。右掌立掌，从南侧12°向东松腕，掌心向南，身形还原至对正南。

（五）白鹤亮翅　4动

1. 俯身舒掌（阴动，阴顶）

【步型】 平行步。

【方向】 面南。

【方位】 南位。

【实脚】 平行步，右脚单重，脚下为八方线中心点。

【虚脚】 平行步，左脚虚不负重，可以理解为摆设。

【实手】 右实手掌心向南变为向下，渐收至额头前。

【虚手】 左虚手虚垂在右踝前，掌心向内。

【视线】 顺右拇指横指下方远视，随俯身，左食指梢引视线（图33）。

图33

【内功操作】俯身时，注意空腰、松脚，各大关节逐节放松，下俯角度至90°止，侧面看背为平形，勿隆背，此势松腰、收吸腹股沟为关要。注意臀部不要往后坐。

脚下重心十分关要，习练者左右脚下各有一个八方线图（图34）。重心脚是八方线中心点，脚前后为南北向称为南北正线，东西向称东西正线。修炼者左脚有左脚正线，右脚有右脚正线。从第六式起，左脚重心，文字上写明左脚正线，右脚正线为右脚重心。

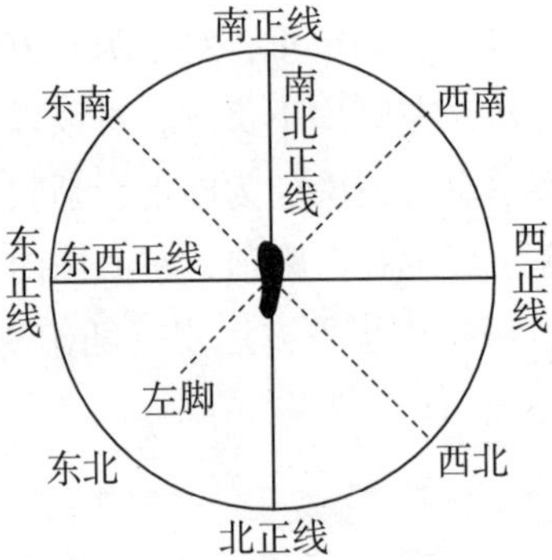

图34

2. 左转翻掌（阳动，阳顶）

【步型】平行步。

【方向】顶朝南、面向下，转向顶朝东面向下。

【方位】身形南位转向东位，平行步不变。

【实脚】右实脚变转为虚脚。

【虚脚】左虚脚变转为左实脚。脚下为八方线中心点。

【实手】左掌实，外弧随重心向东运行。

【虚手】右虚手在额头前掌心向下，虚随。

【视线】注视左实手食指梢下方。（图 35）

图 35

【内功操作】松右实脚，左脚变转为实脚，随左右脚阴阳虚实变化，松左胯，左右肩朝南变转为朝东。左掌掌心向内渐翻转为掌心向外、向东，视线留在东外侧，左手松肩垂肘松虚靠左腿外侧。左实腿重心、身形仍保持 90°俯身状，注意臀部不要后坐，保持脚与胯的垂直状态。

3. 左掌上掤（阴动，阴顶）

【步型】平行步。

【方向】头顶朝东，面东南。

【方位】正南位。

【实脚】左实脚，脚下为八方线中心点。

【虚脚】右脚虚。

【实手】左手实。掌心上弧轻扶向东渐向东南，再向正南。

【虚手】右手虚，掌心向下，变换为掌心向南。

【视线】注视左手食指梢前一寸。（图 36、图 37）

图 36

图 37

【内功操作】松实脚，左掌上弧形线往前上运行接视线，向东南隅位舒展，空腰，脚以上踝、膝、胯等大关节逐节松起，左掌拇指挡住视线看不到食指等四个手指，仰首视线上望，左手追视线，左实手右虚手指尖向上。

从第六式“搂膝拗步”始，每一动一次阴阳开合，就是松腰——以练者的理解松一次腰，以加强内功操作开合准确，每个势都很轻松，每一次都很虚灵。

4. 两肘下垂（阳动，阳顶）

【步型】平行步。

【方向】面南。

【方位】南位。

【实脚】左实脚为八方线中心点。

【虚脚】右脚虚。

【实手】左手实，掌心向外。

【虚手】右手虚，掌心向外。

【视线】从两掌之间远视。（图 38）

图 38

【内功操作】松左实脚，从下往上逐一放松踝、膝、胯、腰、肩、肘、腕、手等关节，左右手松落，不要有动意，双手自然肩松、垂肘而落。然后左右掌外弧松腕向内变转成掌心向内，屈膝成坐步，左脚重心。

两肘下垂，松肩垂肘，关要是松脚。坐，关要是收吸左右腹股沟。

此势为内功操作的“三动三不动”，两手下落松肩垂肘，手动脚不动，手与肩平时，松脚屈膝坐步，脚动手不动。

至此已完成五式 22 动，11 动阴动，11 动阳动。注意阴动脚引手，阳动手引脚，似灯和电门的关系，手是电门，脚是灯；阴动，脚引手，脚是电门……

(六) 搂膝拗步　8动

从此式起始注意顶的修炼，修炼者头上有阴顶、阳顶，阴顶在“百会穴”，阳顶在“囟会穴”（俗称囟脑门）。不要有意念，顶上虚灵，有神即可，称虚灵神顶。阴动想百会，阳动想囟门，一想即逝。

1. 左掌圆展（阴动，阴顶）

【步型】 平行步变化为右坐步。

【方向】 面南转面东下位。

【方位】 南转东位。

【实脚】 左实脚面东变转为右实脚，右脚尖向南，脚下八方线中心点。

【虚脚】 松右脚松转右胯，左胯虚，向左开脚，左脚脚后跟虚着地。

【实手】 左实手以小指引向东位外弧舒展，掌心向下，停在左胯侧。

【虚手】 松肩、垂肘，右虚手松拢虚钩上弧运行，虎口停于右耳外侧，手背向上，食指立，指甲向外。

【视线】 注视左手食指梢。（图 39）

【内功操作】 身形在南位，

图 39

松左脚到顶，变转为右脚重心，松右胯向东松转。向东转动时注意切勿动腰，空腰内功操作，有腰将前功尽弃。

每动注明左或右实脚八方线中心点，因为左脚南北正线和右脚南北正线不在一个方位上，故每动根据左右脚重心，强调实脚的八方线中心点。

阴动脚引手：松脚、手动，似电门和灯泡的关系，开电门、灯泡亮时间差极微。

2. 右掌前展（阳动，阳顶）

【步型】右腿重心坐步变转，左腿重心弓步。

【方向】面东。

【方位】东位。

【实脚】左脚重心，为八方线中心点。弓步要求站住东西正线，吸收左腹股沟。

【虚脚】右脚虚净，净到肉隙骨缝不留力。

【实手】右实手虚掌，手背向上转向外，掌心向内，此时食指放松向上旋一个小弧，钩展为掌，从拇指、食指、中指、无名指、小指逐渐展开，以无名指引领为掌，指尖向前，掌心向外。

【虚手】左掌虚，掌心向下虚随。

【视线】顺拇指中节内侧远视。关于视线，循拳理规定，阳动视线在前，实手追视线，阴动视线回来追实手手梢。（图40）

图 40

【内功操作】右实腿坐步，变转为左实腿弓步，实腿减力、虚腿逐渐加力，虚腿被动，不可主动加力。变动时松右实腿，从脚往上松，九大关节逐节上松，右坐步（阴）变转为左弓步（阳），右实手从钩变掌不动——脚动手不动。左实腿完成弓步后，右掌已运动在左正线，手往前运动时，掌向外开，成为右偏立掌，视线从拇指内侧小关节线平远视。

阳动手引脚：手是电门脚是灯泡。

3. 右掌展按（阴动，阴顶）

【步型】左弓步。

【方向】面东。

【方位】东位。

【实脚】左实腿弓步，左脚站在左正线上，脚下为八方线中心点。

【虚脚】虚脚虚净。

【实手】右实手掌心向下，右掌向前舒展，食指梢在左实脚正线，拇指与食指虎口开大约15厘米，这个距离不是靠往前延伸上肢完成，而是由收吸腹股沟虚实变转来完成。

【虚手】左虚手掌心向下搂膝虚提渐变虚钩，提至左耳旁。

【视线】注视右手食指梢。（图41）

图41

【内功操作】关要为松左脚，收吸左腹股沟，不可向前延伸右肢，手与身形距离不变，上肢手形的变化，垂肘，肘尖垂下，永远不变，在身形方位变转时，注意腰不可主动加力，空腰随，提示意念“空腰”。

4. 左掌前展（阳动，阳顶）

【步型】右弓步。

【方向】面东。

【方位】东位。

【实脚】松脚，节节贯串到顶，身正，收吸左腹股沟。由左脚重心，坐步形，逐渐转虚腿虚直。

【虚脚】虚右脚脚跟不着地，屈膝松靠在左脚侧过渡，然后右脚向右侧隅位出脚，逐变转为实腿弓步。脚下为八方线中心点。

【实手】左手实，钩渐变掌，拇指外弧始逐一松展五指，食指尖有一次外旋，无名指引领，侧立掌掌心向东，掌指向上。

【视线】从左手拇指食指梢上远视。（图42）

图42

【内功操作】这一动是从左实腿弓步，左脚正变转右实腿弓步，站住右正线，左右腿阴阳变转两次虚实，以松左右脚、收吸左右腹股沟来完成。两次变换阴阳，均为脚动手不动，手动作微小。在左掌前展运动中，右弓步脚站住八方线右正线后，右手在到位运动中，掌心由向下变转为向左再变转为掌心向前，走一个弧形线。

5. 左掌展按（阴动，阴顶）

【步型】右弓步。

【方向】面东。

【方位】东位。

【实脚】右脚重心，右正线，脚下为八方线中心点。

【虚脚】左脚虚直，如感觉不适可内扣后脚掌。有功夫后虚腿松直，可不再扣后脚跟。

【实手】左实掌下弧运行至掌心向下，再提示：所有上肢伸展动作，肘应自然下垂，肘尖自然下落，不可翻肘。

【虚手】右掌虚，掌心向下，松拢小指引领成虚钩，松提止于右耳外侧，虎口对耳轮，手背向上。运作时注意松肩垂肘。

【视线】注视左掌食指梢。(图43)

【内功操作】此势内功操作与本式第3动“右掌展按”同，而左右上下掌、腿不同。关要是收吸腹股沟，空腰必溜臀。

图43

修炼太极拳一次有一次体验，一次有一次收益。一个动作循拳理规律，规范准确，要千百次反复练，练中悟，悟中练，自有新的体验。

6. 右掌前展（阳动，阳顶）

【步型】右弓步变左弓步。

【方向】面东。

【方位】东位。

【实脚】右腿弓变转为左腿弓步，左脚正线，脚下为八方线中心点。

【虚脚】左虚腿变转为弓步实腿。

【实手】左实手变虚手，掌心向下，松落于左胯侧。

【虚手】右虚手变转为右实手前展，偏掌，手心向前。

【视线】从右手拇指横纹处远视。（图 44）

【内功操作】此动与第 4 动“左掌前展”动作同，只是左右变换。左实腿弓步，有两次左右脚阴阳变化。关要为左右腿

图 44

弓步，均应站住东西正线，弓步一定要脚、膝、鼻尖三尖虚对，“长强”遥坐在实脚后跟上。

7. 右掌回捋（阴动，阴顶）

【步型】右坐步。

【方向】面东。

【方位】东位。

【实脚】松左实腿，渐减重心，变转为右坐步之左虚腿，足尖上扬。

【虚脚】右虚腿渐变为实，右腿坐步。脚下为八方线中心点。

【实手】右实手掌心向东渐虚松，松肩垂肘，下弧运行，实手变转为虚，掌心向东变转为向北，空掌松垂。

【虚手】松垂在左胯侧，掌心向下。

【视线】注视右掌食指上方。（图 45）

【内功操作】左实腿弓步，松脚减力渐变转为虚脚，脚尖

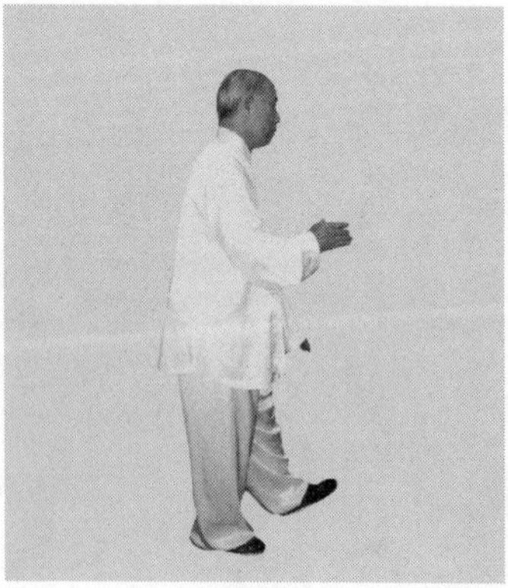

图 45

上扬，右腿实坐步。注意，坐步变弓步，不要有向前去的动意，弓步变坐步，同样不要有向后退的动意。修炼者宜养成无动意，无意念，无杂念，无进、无退的无障碍练拳（不要有向前向后退的想法）的习惯。

阴动阴顶，阳动阳顶，在内功操作中要在练中悟，悟中练，每动定分阴阳，均应有顶。

8. 左掌前掤（阳动，阳顶）

【步型】右坐步。

【方向】面东。

【方位】东位。

【实脚】右实脚坐步，站住右正线，脚下为八方线中心点。

【虚脚】左脚虚，脚后跟虚着地，脚尖上扬。

【实手】左实手，从左侧掌心变转向外（北）、向上、向前走上弧线，轻扶至鼻前方右正线，左抱七星，拇指遥对鼻尖。

【虚手】右手虚，拇指、食指虚贴于左肘弯部位。

【视线】从左实手拇指梢上远望。（图46）

图46

【内功操作】上肢左右手屈伸，应注意小指松，凡回捋动势更应注意松小指，以利于放松周身九大关节及脚趾26个小关节，手指28个小关节。实手食指轻扶。轻扶，是要求习练者时刻注意实手的食指尖前约一寸，轻轻扶着拳的运行路线。

（七）手挥琵琶　2动

1. 左掌前合（阴动，阴顶）

【步型】右腿坐步变转成左腿弓步。

【方向】面东变转偏东北。

【方位】身形东位。

【实脚】右腿实坐步，松右腿，逐渐变转为左弓步，虚腿，脚下为八方线中心点。

【虚脚】松右脚，收吸腹股沟，虚脚逐渐落地，右实腿减力，重心逐渐移至左腿，变转为左弓步。

【实手】左实手向右东南隅位走外弧，轻扶，经右脚正线运行至左弓步实脚正线，仍渐向东北隅位运行13°，止于东北隅位。

【虚手】右虚手掌心向上，中指轻扶左实手脉门虚随。

【视线】注视左掌食指梢。（图47—图49）

图47

图 48

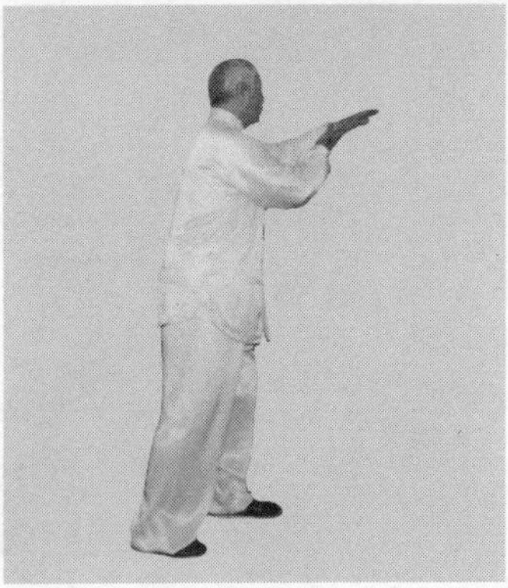

图 49

【内功操作】左手食指轻扶拳套路路线，注意阴顶。手被动，随右实脚变虚、左虚脚变实，左实手从东南运行至东北隅位。

2. 左掌上掤（阳动，阳顶）

【步型】左腿弓步变转成两脚并步（自然步）。

【方向】面东北。

【方位】身形东位。

【实脚】左脚实，脚下为八方线中心点。

【虚脚】右脚上自然步虚落于左脚侧，松脚渐立身。

【实手】左实手渐向东北隅位约 45°运行到位。外弧轻扶。注意上臂与肩平。

【虚手】虚随左实手，渐松肩垂肘，右虚手掌心向内松落在右肋下，似弹琵琶，手动脚不动。

【视线】顺左手食指梢远望。（图 50）

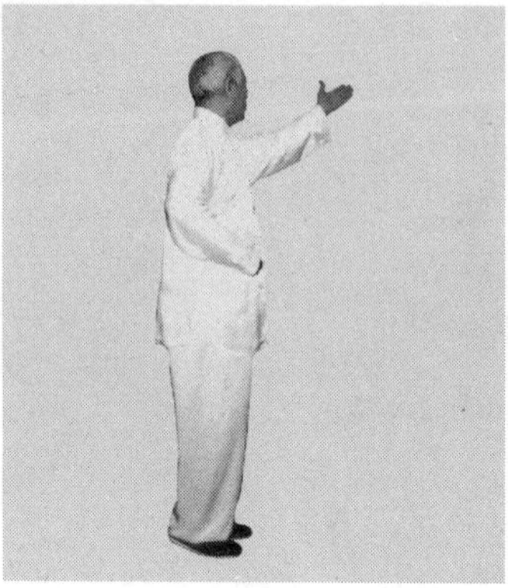

图 50

【内功操作】左实手运行至东北隅位45°，左虚脚上步虚停在右实脚侧。松左脚，渐立身，脚动手不动。注意，左实手向东北隅舒伸，掌心向上。

（八）上步搬拦捶　4动

1. 左掌下合（阴动，阴顶）

【步型】自然步。

【方向】面东北隅，面东。

【方位】正东位。

【实脚】自然步，右脚虚，左手运行至右正线上，右腿变转为实脚，坐步。脚下为八方线中心点。

【虚脚】左脚由实渐变虚。

【实手】左实手东北隅上弧运行，掌心向上逐渐变转为掌心向下，小指引动实掌向左正线上、右正线上运行，此时右虚腿变为实腿。

【虚手】右虚手翻转，掌心向上，与下落的左实手虚合，一拳距。

【视线】注视左食指梢。（图51、图52）

图51

图51 附图

图52

【内功操作】注意被动行功，意在退去身上本力。手动脚不动，从体形讲，左右腿左实右虚不动；从内功解，右实腿从脚下往上逐节上松。左手实，掌心向下，右仰掌虚随，似抱球。

2. 左掌前掤（搬）（阳动，阳顶）

【步型】右坐步，左腿弓步。

【方向】面东南转向东北。

【方位】东位。

【实脚】右坐步逐渐变转为左弓步。脚下为八方线中心点。

【虚脚】左虚腿脚尖渐落平变左腿弓步，右腿实渐变为虚。

【实手】左掌掌心向下，下落与右手虚合后，左掌掌心向下向东北隅舒展；同时，左虚腿变转为左弓步。左掌从右正线弧形舒落至左正线，再向东北隅位停。

【虚手】右掌心向上，中指轻扶左腕脉门虚随。

【视线】左掌食指与眼平，视线顺左食指远视。（图53）

图53

【内功操作】 此动为阳，与“手挥琵琶”第1动“左掌前合”路线相同，但后者为阴动，阴阳动的变转不以形分，以脚下的阴阳变转。注意阳顶的运动。

此动为阳，“手挥琵琶”第1动“左掌前合”拳路线相同，但为阴动，阴阳动的变转不以形分，以脚下的阴阳变转。注意阳顶的运动。

3. 左掌回捋（拦）（阴动，阴顶）

【步型】 左弓步变右坐步。

【方向】 面东北，面东。

【方位】 东正位。

【实脚】 左弓步渐变转成右坐步，右脚下为八方线中心点。

【虚脚】 左实脚变转为左虚脚。

【实手】 随左弓步变转为右坐步，左掌掌心向下，上弧线从东北隅位松肩、垂肘，随左腿弓步变转为右坐步，左掌回捋，左肘垂至左肋处，向右正线立掌，掌心向右。

【虚手】 右虚手虚随至右肋部位，垂肘掌变虚捶，捶平面向东。注意，右上臂垂直向下，前臂平，肩肘不挂力。

【视线】 注视左掌食指梢（平视）。（图54）

【内功操作】 松小指。此动动作多变，左右掌虚实变转，俯掌变转为立掌，右虚掌变化为捶，成拦势，但不可有拦击的动意。内功操作把握百

图54

会阴顶，周身放松，手脚空结合。

4. 右捶前出（阳动，阳顶）

【步型】 右坐步转变成左弓步。

【方向】 面东。

【方位】 东位。

【实脚】 松右坐步到顶，收吸右腹股沟。逐渐减力，实减为虚。

【虚脚】 松落左腿，脚掌虚松着地，逐渐变转为实弓步。脚下为八方线中心点。

【实手】 右捶松肩垂肘下弧运行，再从左掌掌心处向前上弧运行，遥与胸部相对，或捶向前与脸遥对，立拳。

【虚手】 虚左掌，松肩、垂肘，外弧运行，立掌落于胸前。

【视线】 从右捶食指中节远视。（图55）

【内功操作】 空腰，按修炼者对腰的理解空腰，不挂力。捶从右正线上弧运行到左正线，千万不要往前走捶，而是以右

图55

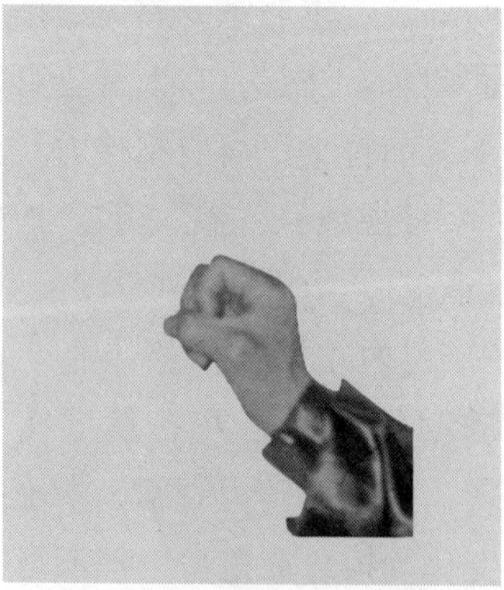

图55附图

坐步变转为左弓步，形似动，而捶不动。拳诀上说“太极不用手，手到不要走”，“大动不如小动，小动不如不动”。“不动、不主动，不妄动”是上乘大道。

（九）如封似闭　2动

1. 回拳立掌（阴动、阴顶）

【步型】右坐步。

【方向】面东。

【方位】东位。

【虚脚】左实腿弓步变转为右腿实坐步。变转时先减左实腿之力，渐变虚腿，脚后跟虚着地，脚尖上扬。

【实脚】右虚腿变转成右实腿坐步。注意虚腿变转为实腿，虚腿不协助加力，由实腿减力渐虚，虚腿渐变转为实。脚下为八方线中心点。

【实手】右实手捶，上弧形线，松脚回拳，拳面向上。

【虚手】左掌渐变成掌心向上，松肩、垂肘运行至右上臂下见四个手指。右捶渐松展拇指、食指、中指、无名指、小指变为立掌，松肩，垂肘，左立掌，掌心向内，手动脚不动，注意腕不着力。

【视线】向前看。（图56）

【内功操作】左右手屈伸变化大，时时注意松腰，右腿坐步，站住右正线，身形不可歪斜，同时把握胯以上、肩以下躯体的松空。

图 56

图 56 附图

2. **两掌前展（掤）（阳动，阳顶）**

【步型】左弓步。

【方向】面东。

【方位】正东位。

【实脚】左实腿弓步，脚下为八方线中心点。

【虚脚】右腿直伸虚位，空腿为佳。

【实手】左实腿弓步，右掌为实，松肩、垂肘下弧立掌，右掌心向左变右掌心向前东位上弧线前掤。

【虚手】左掌虚，立掌掌心向右与右掌心相对，松肩垂肘下弧运行，掌心渐变转为向前，东位外上弧舒展，空掌上掤。

【视线】从左右两掌中间远视。（图 57）

【内功操作】左右手前展上掤，左右臂和左右掌均不得有向前上掤之意念，而是由坐步变转为左弓步的过程中，从右正线运行至左正线，左右手形于向前，其实并没有上前的动作，请习练者细细品味。

图 57

（十）抱虎归山　2动

1. 两掌前展（阴动，阴顶）

【步型】 左弓步。

【方向】 面东，面向下。

【方位】 东左正线。

【实脚】 左脚实弓步，脚下为八方线中心点。

【虚脚】 右腿虚伸向后隅位（西南）。

【实手】 左腿实弓步时，右手掌实，掌心向前渐变为掌心向下，此时腰背中正安舒，收吸左腹股沟，形似向下。

【虚手】 左手立掌虚，掌心向前渐变为掌心向下。

【视线】 注视左右两掌中间。（图 58）

图 58

【内功操作】松左脚，逐节上松至手梢，松腕空腰，左右掌前展，关要是收吸左腹股沟，背平不可隆起。

2. 两掌展开（阳动，阳顶）

【步型】左弓步变右弓步。

【方向】面东、面南、面西南、西位。

【方位】正东位，正南位。

【实脚】左实腿弓步，变转为右实腿弓步。

【虚脚】左腿虚，不可强直。

【实手】右实手掌心向下，随左右腿重心的变化，外弧轻扶从正东左脚正线，依次向东南、南、西南、西运行，停于西位，完成180°运行。右脚以前脚掌为轴，向内扣后脚跟。

【虚手】左手掌心向下、指梢向东不动。

【视线】顺右掌食指梢远望。（图59、图60）

图 59

图 60

【内功操作】 “两掌展开”不是刻意去展开两掌，而是松左腿，松右脚，收吸右腹股沟，“其根在脚，形于手指”，松脚，反映于展开的双掌上。不能有两掌伸开之动意，如有动意，腰、肩、肘、腕、手均形成僵紧之状态。

（十一）左高探马　2动

接上式　左转

1. 两掌虚合（阴动、阴顶）

【步型】 虚丁步。

【方向】 面东。

【方位】 正东。

【实脚】 松腰，右实腿直立，直立腿不可强直，膝微屈，微收吸腹股沟。右脚尖向南，身形东转，右脚下为八方线中心点。

图 61

【虚脚】 左转，左虚脚松回至右实脚内侧，脚尖虚着地，脚跟抬起，虚靠在右脚内侧，为虚丁步。

【实手】 右手钩变掌，掌心向下，松肩垂肘随身形向东转动，右掌经右耳松落于胸前，指尖向左，手心向下。

【虚手】 左手虚。松肩垂肘松小指，左掌松回至腹前，掌心向上，指尖向右，左右掌虚合，相距约两拳。

【视线】 平视正前。（图 61）

【内功操作】 29 式是"三无"普及版，即无意念、无视线、无内功修炼提示。常练 29 式达到健体强身效益，已经不错了。深入联系，再进行内功修炼会有收获。

2. 右掌舒展（阳动，阳顶）

【步型】 左隅弓步。

【方向】 面东。

【方位】 正东。

【实脚】 左虚脚向左隅位 45°出脚，成左隅弓步，脚下为八方线中心点。

【虚脚】 右实腿松，屈膝，减力，变化为左弓步的右虚腿。

【实手】 左腿由虚变转为实弓步的同时，松腰，右实掌从胸前随右左脚的虚实变转，向东北隅位运行舒展，腕与肩平，掌心向下，掌指微斜向上。

【虚手】左虚掌，掌心向上，中指轻扶右腕脉门虚随。

【视线】顺右掌食指梢远视。（图 62）

图 62

【内功操作】练拳要按规矩练。前辈要求后学循规蹈矩，如此练拳就是向内功大门迈腿。

（十二）右转右分脚　4 动

1. 右掌回捋（阴动，阴顶）

【步型】左隅弓步。

【方向】面东，面西北隅下位。

【方位】正东。

【实脚】左腿实，弓步，脚下为八方线中心点。

【虚脚】右腿虚，收吸腹股沟，腿勿强直，右脚尖向南，当实手运行至左膝外侧时，右脚开后跟，脚尖正南转为向正东位。

【实手】右手实但以空手运动，以小指引动沿外下弧松肩垂肘向左膝外侧运行，俯掌，指尖向下。

【虚手】右掌往下运行的同时，左臂松肩垂肘，以无名指引动上弧运行虚停于右脸外侧，掌心向外，指尖向上。

【视线】注视右掌食指梢。（图 63）

图 63

【内功操作】对初学传统太极拳的人，不特别要求过早进入内功修炼，能遵前辈先贤拳经的规范拳理动作就可以了。拳论云，由着熟渐悟懂劲，由懂劲而阶及神明。

2. 两掌交叉（阳动，阳顶）

【步型】左隅弓步。

【方向】面东。

【方位】正东。

【实脚】左腿实，隅位弓步，脚下为八方线中心点。

【虚脚】右腿虚，松虚不强直。

【实手】右掌实。松腰，以拇指为中心，食指、中指、无名指、小指逐渐向外翻，掌心向外。松腕上外弧运行，至胸前腕与肩平，松左胯，身形正东。

【虚手】左虚掌外上弧运行，掌心向外，掌指向上。两腕交叉，右腕在外。

【视线】顺左右腕交叉中间平远视。（图 64）

图 64

【内功操作】先贤武禹襄拳论，“一举动，周身俱要轻灵”。着熟后一举动方可轻灵。

3. 两掌高举（阴动，阴顶）

【步型】左单腿独立步。

【方向】面南。

【方位】正东。

【实脚】左腿实，单腿直立，立柱式身形，微收腹股沟。为了支撑全身重量，注意放松脚、脚踝，松膝、松胯、松大腿、溜臀、裹裆、收腹、松腰，是稳固重心的基本保证。脚下为八方线中心点。

【虚脚】右腿虚，松提，大腿与胯平高，松膝，小腿和脚虚悬不可挂力。

【实手】左掌实，松肩，以无名指引动，松小指外弧外旋向上运行。

【虚手】右掌虚，左右腕虚搭，右腕在外，随左腕向上至极限。注意松肩垂肘，不可向上强直。

【视线】双腕下平视。（图 65）

图 65

【内功操作】初学者要特别注意阴阳虚实、实脚实足、虚腿（脚）虚净，每个动作都在开启内功大门。

4. 分掌分脚（阳动，阳顶）

【步型】 左单腿独立步。

【方向】 面西南隅位。

【方位】 南偏西。

【实脚】 左腿实，单腿直立，立柱式身形，松腰，松踝，收吸腹股沟，脚、尾闾、顶上下一条线。单腿不挂力，重心更加稳固。脚下为八方线中心点。

【虚脚】 右腿虚，在左右掌分掌时，右腿分，以小腿与大腿平分脚，脚面向上。

【实手】 左掌实。左右掌向上舒伸，左右食指相对时，似摸锅底，随即两掌外下弧分，左实掌掌心向上呈斜坡形，指尖向北，略高于右掌。

【虚手】 右掌虚。向前分掌，右掌掌心向外，掌指向东南隅位。

【视线】 顺右掌食指稍远望。（图 66）

图 66

【内功操作】 什么是内功？阴阳变动，举动轻灵，周身松空，动分虚实，虚实渐变，动静开合，安静中正，以意行功，脚虚松趾，手脚结合，等等，很多。

（十三）下势　2动

接上势，右脚前脚掌、后脚跟渐落地，重心在右腿(脚)。

1. 右掌下捋（阴动，阴顶）

【步型】 马步型，左侧弓步型。

【方向】 面东。

【方位】 正南—正东。

【实虚脚】 右脚下落，脚尖向南，右腿坐步，左脚虚落地，足尖向南。右脚下为八方线中心点。

【实虚手】 右掌引视线，头渐向右转，视线随之注视右掌食指梢。右肩松，垂肘，右掌掌心向内外下弧运行至右膝前，接着右腿松，左胯向东微转，右掌随之运行至左膝前，左腿弓步，右脚后跟虚起，右掌松肩渐松起至肩平，左右掌掌心相对。

【视线】 右手引视线，注视右掌食指梢。（图67、图68）

【内功操作】 初学者仍然用心将拳套路练会练熟，熟能生巧。“巧”中自然有拳理、丰富的拳理。要认真练拳，认识理解拳之奥妙。

图 67

图 68

2. 两掌回捋（阳动，阳顶）

【步型】左腿立长身——左腿坐步——马步——右弓侧步型。

【方向】面东南——面西南——面东俯视。

【方位】东南——正南——西南——东南。

【实虚脚】由左腿重心左立步渐变马步（双重），再渐变转为右弓侧步，然后双重马步，再右腿坐步，左腿虚，双脚尖朝南。左腿虚净，脚尖向南点地，脚后跟虚起。

【实虚手】手随脚下阴阳变动，左右俯掌，先右食指外弧轻扶，从东南隅随右脚后脚跟落地沿弧形线向南、向西南隅位运行，掌指齐眼高。随后松右脚，左脚后跟落地，向前转右胯，松肩垂肘，左右掌俯掌，循下弧向东运行。

【视线】先注视右食指，再视左食指梢。（图 69—图 71）

【内功操作】太极拳是文化，将太极拳读成拳，什么文化都没有了。

图 69

图 70

图 71

（十四）金鸡独立　4动

1. 右掌前掤（阴动，阴顶）

【步型】左弓一字步型。

【方向】 面东。

【方位】 东正位。

【实虚脚】 右腿松起，左脚前掌微外开，脚尖向东，渐实左腿成一字弓步型。重心在左腿，左脚下为八方线中心点，右腿虚，勿强直。

【实虚手】 在左右腿虚实变转的同时，松腰、松转左胯面东，左掌俯与肩平，左臂松肩垂肘，右掌仰，从左臂前臂下往外舒展，掌指向北。

【视线】 注视左俯掌食指梢。（图72）

图72

【内功操作】 初学者已知太极内功是什么了。自然太极拳不是满足肢体动作、提臂踢腿抻腰拔骨类的武术动作。太极拳动作讲究关节松且节节贯穿，如动作时，从脚松到顶，以体现其根在脚。

2. 右掌上掤（阳动，阳顶）

【步型】左单腿独立步型。

【方向】面东。

【方位】东正线位。

【实脚】左腿实，随掌变动，单腿支撑重心，脚下为八方线中心点。重心腿勿强直，松立，微收吸腹股沟，顶上虚灵，平视，则重心更加稳固。

【虚脚】右腿虚，左掌松下时，松提右膝，膝与胯平，小腿松，脚尖向下松垂。

【实虚手】右掌实，顺左臂外下弧向前运行，右掌与左掌松合后，右掌以无名指引动外弧向上高举，中指上插云天，食指轻扶空气，小指有松垂感，拇指撑圆，掌心向左。左虚手松肩垂肘外弧松落于下，掌心向右，食指尖虚指右脚跟。

【视线】平远视。（图73）

图73

【内功操作】此势是以左右腿独立来完成的。左腿独立、右腿独立均为单腿重心。太极拳双重仅仅是过渡。请体味。

3. 左掌前掤（阴动，阴顶）

【步型】右腿弓步。

【方向】面东。

【方位】东正线位。

【实虚脚】右腿松落，渐松左腿实右腿，成右弓步，右脚下为八方线中心点。左腿松勿强直。

【实虚手】右肩松，垂肘，右掌外下弧松落，渐变俯掌，与肩平；左掌仰掌外上弧运行，停于右上臂下，指梢露于上臂外。

【视线】平视。（图74）

图74

【内功操作】自然太极拳81式328动，164动阴，164动阳，阴阳各半。运作时，阴阳（虚实）不断在左右两脚（腿）间变化。双重仅仅是过渡，请体验。

4. 左掌上掤（阳动，阳顶）

【步型】 右腿独立步。

【方向】 面东。

【方位】 东正线。

【实虚脚】 右腿实，单腿支撑重心，脚下为八方线中心点。重心腿不能强直，脚松、踝松，松立微收吸腹股沟，阳顶，顶上虚灵意越高越显功力，平远视重心更为稳固。虚左腿，左掌松落时，左腿松提膝与胯齐，小腿、脚尖自然松垂。

【实虚手】 左掌仰顺右臂下侧向前运行，左右掌相合后右臂松肩垂肘，左掌以无名指引上外弧上行，意念中指指九天，食指松轻扶云气，小指有松落感，拇指虎口松圆，掌心向右。右掌外弧松小指引停于胯前，掌心向左，掌指虚指左脚后跟。

【视线】 平远视。（图 75）

【内功操作】 在行拳过程中体验阴阳变化。

图 75

（十五）倒撵猴　6动

1. 左掌反展（阴动，阴顶）

【步型】 右腿独立步。

【方向】 面东。

【方位】 东正线。

【实虚脚】 右腿实，右脚下为八方线中心点。左腿虚提不动。

【实虚手】 左肩松，垂肘，左掌松落变钩，左掌合谷穴与左耳轮齐高，相距一指。右掌外上弧运行，松肩、垂肘，仰掌前掖，肘尖在左膝内侧。

【视线】 注视右掌食指梢。（图76）

【内功操作】 阴阳变化的操作，从形体解，阴动从脚上反

图76

映右脚重心。阴动从大趾、二趾、中趾、四趾、小趾渐渐至前脚掌外延、后脚跟外延走弧形线，到脚后跟无限下。

2. 左掌前展（阳动，阳顶）

【步型】右弓步。

【方向】面东。

【方位】东正线。

【实虚脚】左腿松渐虚坐，脚下为八方线中心点。左脚向后松落，脚前掌着地，逐渐过渡到脚后跟落地，成右弓步之虚脚，勿强直。

【实虚手】右掌俯掌随弓步外下弧搂膝，止于右膝外侧。左掌实，往前舒展，偏立掌，虎口朝上，与肩平。

【视线】视线从左偏立掌拇指内侧关节线远望。（图 77）

图 77

【内功操作】左脚重心，则以左大趾、二趾、中趾、四趾、小趾顺序左外延左后下，再前脚掌后脚跟弧形线左后下，无限下。

3. 左掌下按（阴动，阴顶）

【步型】左腿实坐步。

【方向】东南隅俯面。

【方位】东南隅位。

【实脚】右弓步松脚到顶，渐变转为虚右腿实左腿坐步。左脚下为八方线中心点。

【虚脚】右弓步渐虚，变转为坐步的虚腿，脚尖上扬。

【实手】左掌实，俯掌，外弧轻扶，小指引领随右胯空松向前舒展松按，掌心向下遥对右脚上扬的脚尖。

【虚手】右虚手松拢为虚钩，上提，虎口与耳轮平，亦称“虎口找耳轮”。

【视线】注视左掌食指梢。（图 78）

图 78

【内功操作】在阴阳操作时，阴动收敛入骨，总收于脚下；阳动舒展，从脚往上舒展，肢体从骨里往外舒展。注意不是肢体往外伸展。

4. 右掌前展（阳动，阳顶）

【步型】左腿弓步。

【方向】面东。

【方位】东正位。

【实脚】左实腿坐步不变，脚松虚意识上至顶，顶上虚灵。渐变为左弓步，左脚下为八方线中心点。

【虚脚】左弓步虚松，在松左脚上至顶时，右腿被动自然后移，脚前掌先着地，逐渐过渡到全脚掌松平落地。

【实手】右手实，从右耳轮部位，右手虚钩上旋成偏立掌，无名指引不动，外弧轻扶，随左坐步变转为左弓步，手掌运动到左膝上方，松腕，右掌向外旋成为右侧立掌，掌心向外。

【虚手】左虚掌俯掌，小指引动外弧搂膝，松落于左膝外侧。

【视线】从右掌拇指内侧关节线远望。（图79）

【内功操作】阴阳变化没有动作，均为心意活动。

图79

5. 右掌下按（阴动、阴顶）

【步型】 右坐步。

【方向】 面东北。

【方位】 东北隅位。

【实脚】 左弓步松脚到顶渐变为虚，右虚脚变为实腿坐步，右脚下为八方线中心点。

【虚脚】 左腿逐渐变转为虚腿，脚后跟虚着地，脚尖上扬。

【实手】 右掌实，以小指引领，外弧轻扶，向前舒展，俯掌按掌，遥对左脚脚尖。

【虚手】 左掌虚，松拢渐变虚钩，松肩，垂肘，松提至与耳平，虎口对左耳轮。

【视线】 注视右掌食指梢。（图 80）

图 80

【内功操作】 关于视线对初学者不要求，视线也分明阳。阳动，视线在前，手追视线；阴动，实手动作在前，视线追手。

6. 左掌前展（阳动，阳顶）

【步型】右弓步。

【方向】面东。

【方位】东正位。

【实脚】右实腿坐步，脚松上至顶，渐变转为右弓步，右脚下为八方线中心点。

【虚脚】左虚腿被动向后隅位舒伸，脚底平，中途虚靠右脚内侧后继续向后隅位舒伸，脚前掌先落地，逐渐过渡到脚跟平松落地。

【实手】左手渐松、旋展为实偏掌，外下弧轻扶。掌旋展时，食指尖有一个小上旋，指尖向前，掌背向左，随左右脚虚实变化，当左掌与右膝上下遥相对时，左旋侧立掌。

【虚手】右掌俯虚向右外弧搂膝，松落于右膝外侧，指梢向前。

【视线】从左实手拇指关节内侧远望。（图81）

图81

【内功操作】再说视线。在习拳熟练后，视线自然而至。阳动时，视线顺方向前远视，手意要追视线；阴动是动作在先，视线追着实手回来。

（十六）斜飞势　6动

1. 左掌斜掤（阴动、阴顶）

【步型】右弓步。

【方向】面东。

【方位】东正位。

【实脚】右腿为实腿弓步。右脚站住八方线中心点，为东西正线。

【虚脚】左脚虚。

【实手】左掌松，无名指引动，空掌外弧轻扶向东北隅运行，掌心渐外旋，指尖与眼同高。

【虚手】右掌后下弧松落。手不主动，以松肩、垂肘完成，立掌掌心向后，掌指向下。

【视线】注视左掌食指梢。（图82）

【内功操作】斜飞势6动，方向面东。第4动斜飞向东北隅位舒展，不是肢体舒展。

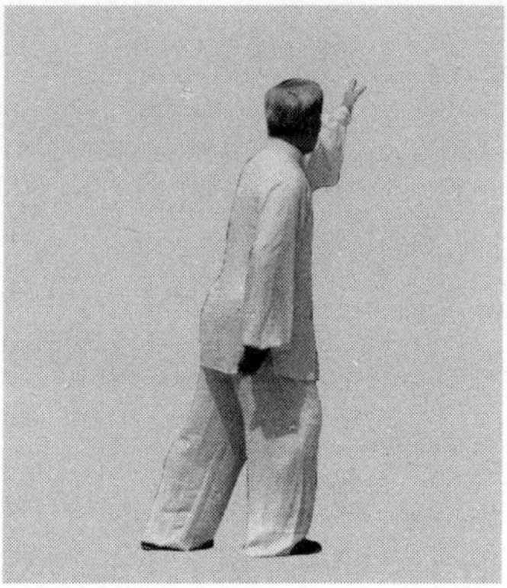

图82

2. 左掌下捋（阳动，阳顶）

【步型】 右弓步。

【方向】 面东北回到面东。

【方位】 东正位。

【实脚】 右腿实弓步，脚下为八方线中心点。

【虚脚】 左腿虚，左膝不可弯曲。

【实手】 左掌以小指引外弧轻扶向上往北运行，到掌与肩平时，外下弧松落于右膝内侧，掌心虚向右膝内侧，指尖向下。

【虚手】 右掌以无名指引动，松肩垂肘，外下弧运行至胸前，右掌手背松虚贴于脸的左侧，掌心向左，掌指向上。

【视线】 平远望。（图 83、图 84）

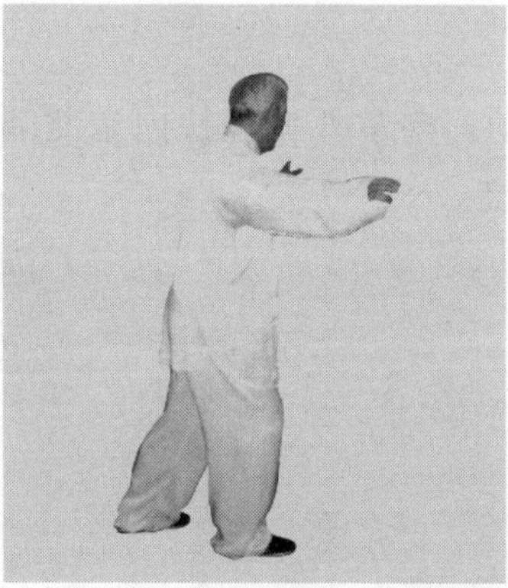

图 83

图 84

【内功操作】 以下几动均以左手为实手。实手是左手还是右手，取决于脚。重心脚是实脚，如左脚是重心脚，右手即是实手，而右脚实，左手为实手。手脚左右交叉结合。

3. 左脚前伸（阴动，阴顶）

【步型】右隅坐步。

【方向】面东。

【方位】东正位。

【实脚】右腿弓步渐变右隅位坐步，右脚下为八方线中心点。

【虚脚】右脚松到顶，左脚虚，向前舒伸，脚底离地虚平移，左脚经右脚侧虚靠后再向隅位45°虚伸，脚后跟着地，脚尖上扬。

【实手】右掌外弧轻扶，小指引虚落于中与左掌合。

【虚手】左掌无名指引外上弧与右掌合。左掌前措小小动作，右脚轻松上步。

【视线】注视左掌食指梢。（图85）

图85

【内功操作】传统太极拳练来练去练的是脚。笔者在1998年到杭州讲学，说破了这个拳理。

4. 左掌飞展（阳动，阳顶）

【步型】左腿实，左隅弓步。

【方向】面东北。

【方位】身形东正位。

【实脚】虚右腿，减力，左虚腿渐变转为实腿弓步，左脚下为八方线中心点。

【虚脚】松虚右腿，收吸右腹股沟，左脚被动虚松落地。

【实手】左腿虚渐变为左腿实弓步的过程中，左掌轻扶外弧，以无名指引动，松肩、垂肘，顺东北隅向上运行，掌心斜向上。

【虚手】右掌外下弧下采，松贴于右胯外侧，掌心向左。

【视线】顺左掌食指梢远望。（图86）

图86

【内功操作】1997年，笔者在《中华武术》杂志上发表《话说太极脚》，提到脚从下往上松到顶。提示传统太极拳修炼从脚开始，脚是根。

5. 右抱七星（阴动，阴顶）

【步型】左坐步。

【方向】面南。

【方位】正南。

【实脚】左脚实，脚下为八方线中心点。

【虚脚】右脚虚，脚后跟虚着地，脚尖上扬。

【实手】右手实，仰掌坡形，掌心向上，拇指对鼻尖。

【虚手】随身形正东变正南，左虚手外上弧运行，食指、拇指虚靠右肘。注意身形方位正东渐变转为正南，由左右腿虚实变化运行，左实手渐变虚手不动。

【视线】注视右手拇指梢上一寸。（图 87）

图 87

【内功操作】1998 年纪念伟人邓小平题词“太极拳好”发表 20 周年，在《少林与太极》杂志上发表太极拳好纪念文章。此文放在此期头条，以鼓励大家学练传统太极拳。

6. 上步立掌（阳动，阳顶）

【步型】双腿坐步。

【方向】面南。

【方位】正南。

【实脚】右腿实，坐步，脚下为八方线中心点。

【虚脚】左腿虚，上步，左右脚相距一肩宽，坐步。

【实手】右掌坡形渐变立掌，掌心向内，立于右肩前。

【虚手】左掌虚，顺前臂上弧运行，在左掌与右掌相合时，渐翻转变掌心向后，止于左肩前。

【视线】平远视。（图 88）

图 88

【内功操作】太极拳先贤名家北京的吴图南大师令人敬佩。为了推广传统太极拳，笔者在《武魂》杂志上发表《仙风道骨吴图南》，在《精武》上发表《吴图南武术思想之研究》。

（十七）左转搂膝　4动

1. 左手下按（阴动，阴顶）

【步型】 平行步变转为右坐步。

【方向】 面东。

【方位】 东正位。

【实脚】 松左胯，松右实脚上松至顶，虚灵百会，向左（东正位）舒伸左腿，成右坐步。右脚下为八方线中心点。

【虚脚】 左虚腿舒伸向1/8隅位，脚后跟虚着地，脚尖上扬。

【实手】 左掌实，松肩、垂肘，外下弧舒伸至东正位，小指引动渐旋转成掌心向下。注意手不可前伸至极限强直。

【虚手】 右虚手小指引动渐变虚钩，外上弧松腕，松垂与耳平，虎口虚对右耳轮，钩心向下，手背向上。

【视线】 注视左掌食指梢。（图89）

图89

【内功操作】内功积累，内功进入人体，全系每天一秒一分、日复一日、年复一年盘拳修炼而得。练拳不可有随意性，要严格遵循太极拳的规律、规范行拳。所谓规律、规范，是按拳理拳法，阴阳学说行功。

2. 右掌前展（阳动，阳顶）

【步型】左弓步。

【方向】面东。

【方位】东正线。

【实脚】左虚脚渐实，变转为左弓步，脚下为八方线中心点。

【虚脚】逐渐虚松右实腿，减力，渐变转为虚腿，后隅位舒直。

【实手】随左虚腿变左实腿弓步，右手虚钩，小指引动渐向内旋，食指梢有旋感，五指渐舒展为横掌，掌心向左，指尖向前。当右手到左膝上方时，外弧松腕变右偏立掌，掌心向前。

【虚手】左手虚，松肩、垂肘，俯掌虚落于左膝外侧，虎口撑圆，指尖向前。

【视线】顺右掌拇指小关节内侧远望。（图90）

【内功操作】松实脚，脚下阴阳变动，脚动与不动均应有阴阳变化，反映在手上。手上乾坤内涵丰富，请修炼者在练中去体验，第一条件，空手不挂力。

图90

3. 右掌下展（阴动、阴顶）

【步型】弓步。

【方向】面东。

【方位】东位。

【实脚】左实腿弓步，左脚站在左正线上，脚下为八方线中心点。

【虚脚】虚脚虚净。

【实手】右实手掌心向下，右掌向前舒展，食指梢在左实脚正线上，拇指与食指虎口开大约15厘米，这个15厘米的距离不是靠往前延伸上肢完成，而是收吸腹股沟向前俯来完成。

【虚手】左虚手掌心向下搂膝虚随。

【视线】注视右手食指梢。（图91）

图91

【内功操作】关要是松左脚，收吸左腹股沟，不可向前延伸右肢，手与身形距离不变，垂肘，肘尖垂下，永远不变，在身形方位变转时，注意腰不可主动加力，空腰随，提示意念“空腰。”

4. 左掌前展（阳动，阳顶）

【步型】 右弓步。

【方向】 面东。

【方位】 东位。

【实脚】 虚右脚脚跟不着地，屈膝松靠在左脚侧过渡，然后右脚向右侧隅位出脚，逐变转为实腿弓步，右脚下为八方线中心点。

【虚脚】 松脚节节贯串到顶身正，收吸左腹股沟，左脚支撑重心，坐步形，逐渐转虚腿虚直。

【实手】 左手实，逐钩变掌拇指外弧始逐一松展五指，食指尖有一次外旋，无名指引领，侧立掌掌心向东，掌指向上。

【视线】 从左拇指、食指梢上远视。（图 92）

图 92

【内功操作】 这一动是从左实腿弓步，变转为右实腿弓步，站住右正线，左右腿阴阳变转两次虚实，以松左右脚收吸左右腹股沟来完成。两次变换阴阳，均为脚动手不动，手动作微小，在左掌前展运动中，右弓步脚站住八方线右正线后，右手在到位运动中掌心向左变转为掌心向前，走一个弧形线。

（十八）左蹬脚　4动

1. 左掌松落（阴动，阴顶）

【步型】 右隅弓步。

【方向】 面东。

【方位】 正东。

【实脚】 右腿实，隅位弓步，脚下为八方线中心点。

【虚脚】 左腿虚，虚直，勿跪膝，脚尖向前，注意左腿虚净。

【实手】 左掌实，从左隅1/16位，松小指，外下弧向右正线运行，止于右膝外侧，掌心向外，掌指向下。

【虚手】 在左掌向下运行的同时，右臂松肩垂肘，掌心向外，掌指向上，无名指引动上弧运行虚止于左脸外侧。

【视线】 随左掌注视食指梢。（图93）

图93

【内功操作】松右实腿（脚），松肩自然下行，手不挂力。右掌上行至右脸侧，手千万勿挂力。

2. 两掌交叉（阳动，阳顶）

【步型】右腿隅位弓步。

【方向】面东。

【方位】正东。

【实脚】右腿实，右腿隅位弓步，脚下为八方线中心点。

【虚脚】左腿虚，脚尖朝向正东。

【实手】左掌实。松腰，以拇指为中心，无名指引动，五指逐渐向外翻转，掌心向外，松腕，外上弧运行，止于胸前，腕与肩平；同时松右胯，身形以鼻为中心，方位转向正东。

【虚手】右臂松肩垂肘，右腕与左腕虚松交叉，右腕在里，左腕在外。

【视线】顺左右腕交叉上方中间平远视。（图94）

【内功操作】松肩，不想肩，垂肘不想肘。

图94

3. 两掌高举（阴动、阴顶）

【步型】右单腿直立步。

【方向】面东。

【方位】正东。

【实脚】右腿实，单腿直立，立柱式身形，勿强直，右腹股沟微收，放松九大关节以支撑身体重量，松脚、松腰是支撑稳固身体重心的关要。脚下为八方线中心点。

【虚脚】松提左虚腿，大腿与胯平高，小腿、脚虚悬，不可挂力。

【实手】右掌实，外弧运行，以无名指引动，松肩向上运行。

【虚手】左掌虚，左右腕虚交叉，随身形上起，左右臂松肩垂肘向上至极限，勿强直，左右胸窝微收。

【视线】顺双腕下平视。（图95）

【内功操作】重心在右腿，膝不着力，松大腿。

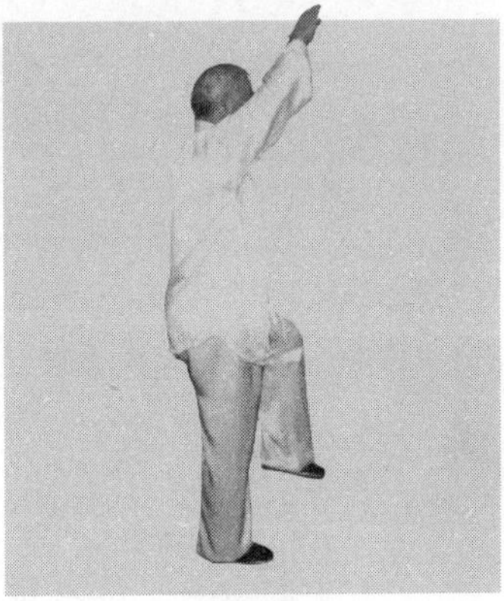

图95

4. 分掌蹬脚（阳动，阳顶）

【步型】右单腿直立步。

【方向】面东北隅位。

【方位】正东。

【实脚】右腿实，单腿直立，立柱式身形。右腿勿强直，右腹股沟微收，松腰，松上下肢各大关节，以支撑身体重量，稳固重心。右脚下为八方线中心点。

【虚脚】左腿虚，在左右分掌时，左腿分脚踢出，方向为东北隅。

【实手】右掌实。左右掌上弧渐向上运行至极限，左右掌食指梢似摸倒扣的一口锅的锅底，再下弧左右掌分掌，右实掌分向身体南侧，掌指向南，掌心向东，掌梢高于右肩。

【虚手】左虚手上弧向前分掌，隅位，与左脚上下遥对，掌心向东，掌指向东北。

【视线】顺左掌食指梢远视。（图96）

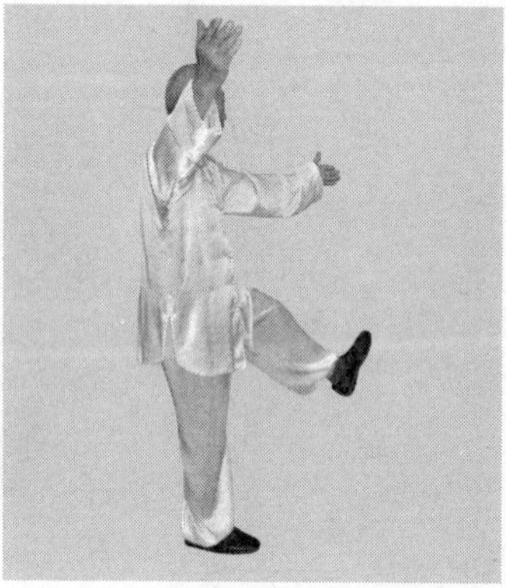

图96

【内功操作】右腿支撑全身，松大腿，不可强直，左膝以下，小腿、踝、脚不着力。蹬脚与分脚不同，分脚脚面朝上，蹬脚脚与膝在一个水平线上，亮鞋底。放松右脚5个脚趾。

（十九）右蹬脚　4动

1. 右掌回捋（阴动，阴顶）

【步型】左隅弓步。

【方向】面东北隅俯位。

【方位】正东。

【实脚】左隅弓步，脚下为八方线中心点。

【虚脚】右腿虚，原位不变，松脚，松胯，勿强直。

【实手】右掌实，松脚，松腰，松肩，垂肘，右掌外下弧向西北运行，止于左膝左侧，掌心向左，掌指向下。

【虚手】左掌松，松肩垂肘，上弧止于右脸外侧，掌心向右，掌指向上。

【视线】注视右掌食指梢。（图97）

【内功操作】“其根在脚”，每动都要想着松脚。

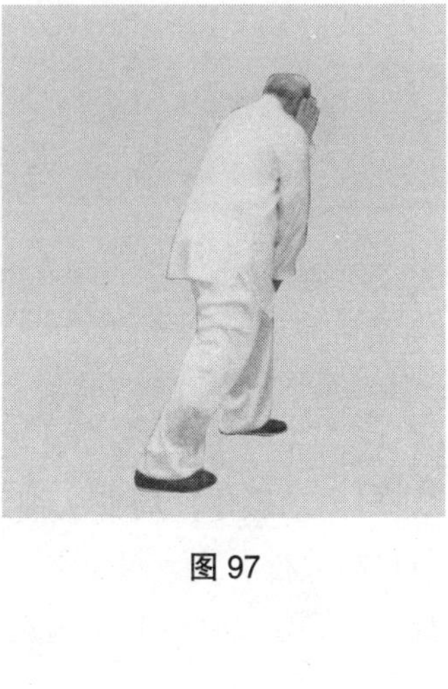

图97

2. 两掌交叉（阳动，阳顶）

【步型】 左隅弓步。

【方向】 面东。

【方位】 正东。

【实脚】 左腿实，左脚下为八方线中心点。

【虚脚】 右腿虚，绝对不可挂力。

【实手】 松腰，松肩，垂肘，右掌外上弧向胸位运行，止于胸前，掌心向外，掌指向上。

【虚手】 左掌松腕从脸左侧外弧运行至胸前止，腕与肩平，掌心向右，掌指向上，左右腕交叉，左腕在内，右腕在外。

【视线】 顺左右腕交叉中间平远视。（图 98）

图 98

【内功操作】 周身从脚到手九大关节，手指和脚趾的小关节也能放松。胸、腹松空，裹裆，溜臀，收小腹，收吸腹股沟都一一到位，还要顶上虚灵。

3. 两掌高举（阴动，阴顶）

【步型】左单腿独立步。

【方向】面东。

【方位】正东。

【实脚】左单腿独立步，脚下为八方线中心点。

【虚脚】右腿虚松，提大腿与胯平，小腿虚悬，勿挂力。

【实手】左掌实，松肩，以无名指引动，外弧向上运行。掌心向外，掌指向上。

【虚手】右掌虚，顺左腕外弧向上运行至极限。左右两腕虚搭交叉，掌心向外，掌指向上。

【视线】顺左右腕交叉下方平视。（图99）

图99

【内功操作】欲修炼脚下双轻功夫，渠道只有一条：练拳，循规蹈矩地练拳，太极功夫在拳里。由着熟渐悟懂劲，由懂劲阶及神明。

4. 分掌蹬脚（阳动，阳顶）

【步型】左单腿独立步。

【方向】面东南隅。

【方位】正东。

【实脚】左单腿独立步，脚下为八方线中心点。

【虚脚】在左右分掌时，右虚腿向东南 22.5°蹬脚。表演蹬，脚尖接近右掌；功夫蹬，右腿越松越佳，蹬对方小腹，腿、胯。头脑中不能有蹬的动意，左脚松，右掌空，左掌中指梢意远，威力无穷。

【实手】左掌实，意想中指无限远，食指轻扶对方。

【虚手】右掌虚空，食指轻扶对方。

【视线】顺右掌食指梢远视。（图 100）

【内功操作】“上下相随”很难理解，此诀被京城太极拳大师杨禹廷破译，活解为手脚结合。在拳中手脚结合，阴动脚引手，阳动手引脚，以修炼上下相随，手脚结合。修炼功成上下相随，手脚结合为一个统一体，形成威力无比的中定内功。这种中定内功，也有人称中定劲，是任何本力也难以攻破的。

图 100

（二十）双峰贯耳　2动

1. 两掌下采（阴动，阴顶）

【步型】 左坐步—右弓步。

【方向】 面东。

【方位】 正东。

【实脚】 右腿实。左脚松，松膝，坐步。右腿松落，右脚脚后跟虚着地，左右两掌松拢为钩，钩尖向上，右腿渐弓步。右脚下为八方线中心点。

【虚脚】 左腿虚。虚净勿强直，也勿挂力。

【实手】 左掌实，松肩、垂肘、松腕，左掌外下弧小指引动，食指轻扶向东正线运行，掌心向上。

【虚手】 右掌虚，松肩、垂肘、松腕，右掌外下弧小指引动向东正线运行，掌心向上。左右掌同时到达一肩宽距时，左右掌分别向后松垂，过胯后松拢为钩，止于左右胯两侧，钩尖向上。

【视线】 正前平视，空左右双腕。（图101）

图101

【内功操作】 研习传统太极拳多年后进入内功修炼，是深研家必然的进修，也是深研太极拳的走向。笔者在文章和太极拳专著中有关“解放思想”

的内容里写道："用常人的思维去想，用常人的眼光审视，想上几十年，看上几十载，什么也想不深，什么也看不透。"

2. 两拳相对

【步型】 右弓步。

【方向】 面东。

【方位】 正东。

【实脚】 右腿弓步。脚下为八方线中心点。

【虚脚】 左腿虚，松净不挂力。

【实手】 左手实。左手实钩，小指引动渐松拢成拳，松肩垂肘，松腕，拳从里向外转，以无名指中节虚引，从身后外上弧向前正东位运行，止于左肩前方，拳与耳齐高（双峰贯耳式，其意以双拳掼对方左右耳，以对方高矮调整拳之高度）。脚下虚实变化，身形没有向前的意思。

【虚手】 右手钩渐变拳。与左拳同时运行，拳运行至正东位，左右拳拳面相对，拳心向外。

【视线】 从两拳中间平远视。空左右双拳。（图 102、图 103）

图 102

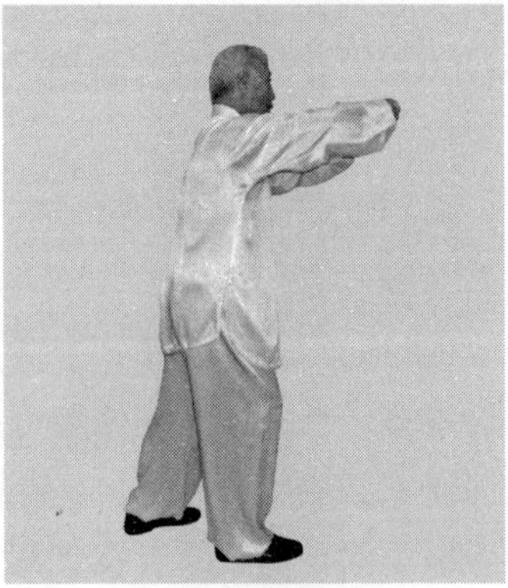

图 103

【内功操作】初学者将拳练准确、练熟，健体强身就够了。

（二十一）弯弓射虎　4动

1. 两掌回捋（阴动，阴顶）

【步型】右弓步。

【方向】面东。

【方位】正东。

【虚实脚】右脚下为八方线中心点。左腿虚，虚净。

【虚实手】本动脚的动作简单，主要是两掌的动态运行变化。松肩、垂肘，左右掌小指引松落在右膝前，两掌渐松拢大拇指、食指、小指成为空拳。随即旋转右胯，右拳外弧松提至右耳外侧，拳眼向下，拳面向前；左拳止于胸前，拳眼向上，左右拳眼上下相对，约一肩宽。注意勿用腰带双拳。

【视线】注视右拳食指中节。空双拳。（图104、图105）

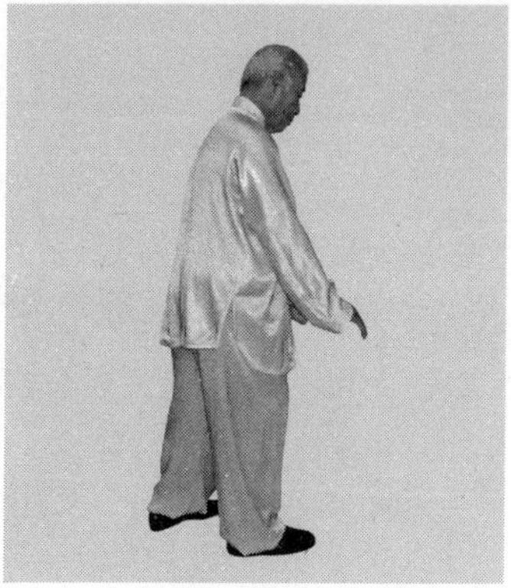

图104

图105

【内功操作】练拳者，特别是初学者，多以我们平时的习惯动作去练太极拳。可不可以？不可！因为人类生活多主观、主动、用力出力。太极拳是“用意不用力的拳”，请思考。

2. 两拳俱发（阳动，阳顶）

【步型】右隅弓步。

【方向】西南—南—东南—东—东北。

【方位】右东正线。

【虚实脚】右隅弓步，右脚下为八方线中心点。左腿虚净。

【虚实手】右拳外上弧以无名指引拳眼向下拳面向前，从右耳侧西南隅位运行，经南正线、东南隅，止于东正线。右拳食指根与眼齐平；左拳拳眼向上，随右拳止于东正线，上下遥对，左肘与右膝上下约垂直，左前臂水平。

两拳、脸、上身、右膝在东正线上，收吸右腹股沟，头轻松左转向东北隅位。

【视线】从右拳食指根节远视。（图106、图107）

图106

图107

【内功操作】自然太极拳根据传统太极拳的特性，提出练拳三要素：自然、减法、被动。

3. 两掌回捋（阴动，阴顶）

【步型】左隅坐步。

【方向】面南。

【方位】南正线。

【虚实脚】松右脚上松到顶（百会、阴顶），（左右拳运动到西南隅）右腿松净，左脚向东北隅位上步，脚后跟虚着地，脚尖上扬，待拳变掌时，左脚平松落地，左脚下为八方线中心点。

【虚实手】左右拳循外上弧以小指引动，向西南隅线运行（注意勿腰带，旋右胯），右拳止于西南隅位，左拳松随，双拳渐舒展为俯掌，右掌与眼齐，左掌止于胸前。渐左右掌外下弧松落在右膝前。

【视线】随视右掌食指梢。空右掌。（图108、图109）

图108

图109

【内功操作】初学者和后来从他拳改练自然太极拳者，要认识到，内功上身，要求心脑要安静、极静，肢体要净、极为干净。这是修炼内功的首要条件。

4. 双拳俱发（阳动，阳顶）

【步型】左隅弓步。

【方向】西北隅——北正线——东北隅——东——面东南。

【方位】左东正线。

【虚实脚】左隅弓步，左脚下为八方线中心点。右腿虚净，勿强直。

【虚实手】左右肩松，垂肘，松腕，展指，以小指引外弧运行，左拳与眼同高，拳眼向下，右拳止于胸前，拳眼向上，上下拳约一肩宽遥对。

【视线】随右拳，从左拳食指中节远视。最后视线离开食指中节向东南隅位远视。（图110—图113）

图110

图111

图 112

图 113

【内功操作】练自然太极拳要放弃自己的主动行为和行为规律，以及运动轨迹，按照内功拳的运动规律和运行轨迹行拳，否则一世无成。太极内功是阴阳变动，举动轻灵，不可发力，不可用力，虚实渐变，先减后加。

（二十二）东揽雀尾　4动

1. 右掌回捋（阴动，阴顶）

【步型】左坐步。

【方向】面东。

【方位】东正位。

【实脚】右脚虚松，逐节往上松至顶，右腿松，收吸左腹股沟，左腿渐变转为实，成左坐步，脚下为八方线中心点。

【虚脚】右脚虚，松直，脚尖上扬。

【实手】右掌实，松肩垂肘，以小指引动，俯掌，左外弧轻扶，手不动，随左右腿虚实变化，上臂松垂，前臂松平，变仰掌，置于右肋前侧。

【虚手】左虚掌，掌心向上，中指轻扶右腕脉门。

【视线】注视右掌食指梢。（图114—图117）

图114

图115

图116

图117

【内功操作】落拳时，不可用力，松实脚、松肩、松力垂肘。

2. 右掌前掤（阳动，阳顶）

【步型】右弓步，左坐步。

【方向】面东俯面——面东北隅——面南。

【方位】东正位。

【实脚】左坐步——右弓步——左坐步，脚下变动大，都以松脚、松踝往上节节放松完成，弓坐步折叠，以收吸腹股沟完成。左脚下为八方线中心点。

【虚脚】虚脚随实腿的坐弓步变化而变动，右脚脚尖上扬。

【实手】右掌仰掌，从左膝外上弧轻扶向北——东北隅位——南，掌心向上，右掌拇指挡住观看食指、中指等四个手指的视线。掌指向南。

【虚手】左虚掌掌心向下，中指轻扶右腕脉门。右掌运行至南位，左掌立掌，掌指向上，中指轻扶右腕脉门。

【视线】从右掌拇指远望。（图118、图119）

图118

图119

【内功操作】松脚，松胯，溜臀，双肩松，双肘松不挂力。

3. 右掌前展（阴动，阴顶）

【步型】左坐步——自然步。

【方向】面北。

【方位】北正位。

【实脚】松右胯，向北扣右脚，到南北正线，右脚松平落地，左脚下为八方线中心点。

【虚脚】右虚脚，脚尖上扬，与右肘尖遥对，被动向北扣脚。

【实手】右掌实，渐立掌。收吸左胯腹股沟，松右胯向北虚松扣脚，右空掌随身形运行至南北正线，掌指与眼平。

【虚手】左虚手立掌，掌心向内，中指轻扶右腕脉门虚随。

【视线】注视右掌食指梢。（图120）

图120

【内功操作】笔者1997年在《中华武术》杂志上发表《话说太极脚》一文，当时引起国内外太极圈的极大关注。于2000年又在《中华武术》发表《再说太极脚》一文。自然太极拳遵前辈先贤指教，太极拳练的是脚，修道在脚。2000年在《武魂》发表《九松十要一虚灵》一文。此文是1989年在杭州讲学时的讲稿。当时思想尚不够解放，对太极拳的认识尚未深入。太极内功在当时还是“禁区”，谈论还未达到大胆开放的境况。

4. 右掌右展（阳动，阳顶）

【步型】右坐步。

【方向】面东北。

【方位】北正位。

【实脚】左腿松腿减力，变转为右腿重心，右脚下为八方线中心点。

【虚脚】右坐步实完成时，左虚脚脚后跟虚起，脚前掌虚着地。

【实手】右立掌实，掌心向外，掌指向上，轻扶上弧向东舒展，以右脚实为度。

【虚手】左掌虚，立掌，中指轻扶右腕脉门。

【视线】顺右掌食指梢远望。（图121）

【内功操作】没有内功的太极拳，和练体操差不多。

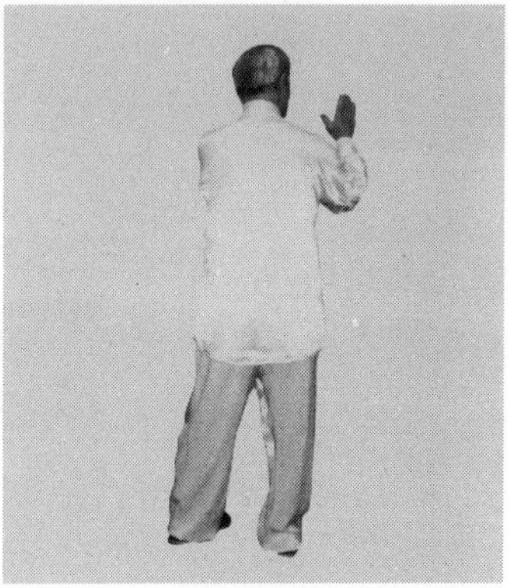

图121

（二十三）北单鞭　2动

1. 右掌变钩（阴动，阴顶）

【步型】右腿坐步。

【方向】面东北。

【方位】北正位。

【实脚】右腿坐步。右脚下为八方线中心点。

【虚脚】左脚后跟虚起，脚前掌虚靠右脚内侧。

【实手】右掌松腕，小指引动松拢五指变虚钩,外上弧轻扶，右腕与眼平。

【虚手】左掌虚立掌，掌心向内，食指、中指、无名指、小指背松贴右腕内侧。

【视线】注视右腕隆起部位。（图 122）

图 122

【内功操作】到本世纪初，《太极解秘十三篇》出版。这本太极拳理论专著最初是由北京的京华出版社出版。

2. 左掌左展（阳动，阳顶）

【步型】马步。

【方向】面西。

【方位】北正位。

【实脚】右脚实坐步。左右脚中间尾闾下方为八方线中心点。

【虚脚】左脚（腿）从右脚内侧向西舒展，双脚距一肩至两肩宽，脚尖点地，逐渐过渡到全脚着地。

【实手】左实掌渐上旋，掌心向上，从右腕上弧轻扶至正线、鼻上前方，立掌掌心向右，左脚平松落地。动作不停，左掌外弧经北正线向西运行，松肩垂肘，至西正线，立掌，掌心向西。

【虚手】右手虚钩。

【视线】顺左掌食指梢远望。（图123）

图123

【内功操作】《太极解秘十三篇》对传统太极拳的理论、教学有所突破，读者来电来信到了令笔者难以招架的地步。

（二十四）上步措掌　2动

1. 左掌仰伸（阴动，阴顶）

【步型】左脚尖向北坐步式。

【方向】面西。

【方位】北正线。

【虚实脚】松右腿，渐实左脚，马步双重渐成左腿单重坐步式，左脚下为八方线中心点。

【虚实手】左掌松，渐前旋为仰掌，掌指向前，随马步渐变左腿单重，左仰掌形似前伸；右钩变俯掌，外弧小指引动向左运行，掌心贴于左上臂部位，掌指向西北。

【视线】注视左掌食指梢。（图124、图125）

图124

图125

【内功操作】 向初学者介绍入门基本功《九松十要一虚灵》。九松：松脚、踝、膝、胯、腰、肩、肘、腕、手等九大关节。

2. 右掌俯措（阳动，阳顶）

【步型】 右弓步。

【方向】 面西。

【方位】 右西正线。

【虚实脚】 左腿实，左胯松、左旋，左脚上松到顶（阳顶）；右脚向前上步，脚后跟虚着地，随即右脚平松落地，右脚下为八方线中心点。

【虚实手】 右俯掌松，随左胯左旋从左臂上方向西舒展，视线随（此时右腿向前上步），随着右脚平松落地，右俯掌向前与左掌止于右脚前右侧约 12°。左掌仰掌，掌中指轻扶右腕脉门。

【视线】 顺右掌食指梢远视。（图 126）

图 126

【内功操作】十要：要溜臀，要裹裆，要收小腹，要收吸左右腹股沟，要空胸，要收吸胸窝，要圆背，要弛项（松脖子）等。

（二十五）玉女穿梭　8动

1. 左掌上展（阴动，阴顶）

【步型】右独立式。

【方向】面西偏北。

【方位】正西。

【实脚】右腿实。尾闾（即长强穴）与右脚脚后跟上下遥对，也称“坐”在右脚后跟上。周身重量在右实腿，膝不着力，大腿支撑全身。

【虚脚】左腿虚净。左脚上步虚靠在右脚内侧，脚前掌虚点地，脚后跟松起。注意：转动身形不可以腰带，正确操作，空腰转胯。

【实手】左掌实。阴掌向前舒展，掌指食指引动，中指、无名指、小指、拇指向前下翻转渐变俯掌。

【虚手】左掌虚。逐渐掌心向下，无名指引动，向上舒展运行在右臂下，仰掌，食指、中指、无名指、小指指尖显露在右臂外侧。

【视线】随视左掌食指梢。（图127）

【内功操作】自然太极拳从下至上，遵前辈先贤武禹襄的经论：“由脚而腿，而腰，总须完整一气。”脚是根，内外相合，上下相随，即手脚结合。

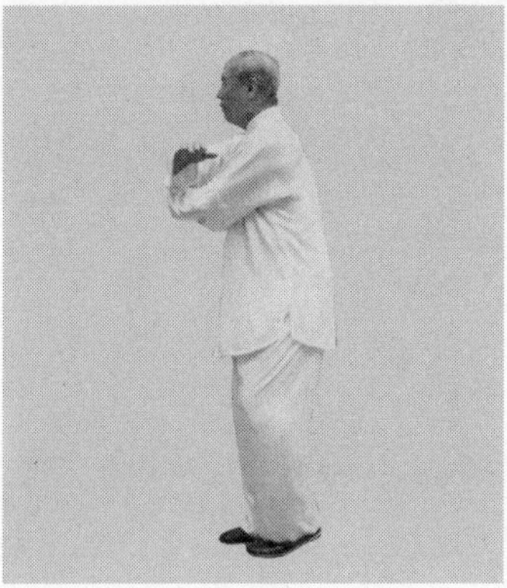

图 127

2. 左掌弧掤（阳动、阳顶）

【步型】左隅弓步。

【方向】面西南隅位。

【方位】正西偏南。

【实脚】左腿实，实足。虚右实腿，减支撑力，左掌动，左脚向隅位舒伸，由脚后跟虚着地逐渐过渡到全脚平松落地，成左隅位弓步式。

【虚脚】右腿虚，松为隅位弓步之虚腿，不可强直。

【实手】左掌实。仰掌，从右肘下循弧形线向西南隅位运行。阳动实手引脚，循 90°弧形线，从西北、正西右腿正线，左腿正线，运行至西南隅位。

【虚手】右掌虚，俯掌，中指轻扶左腕脉门虚随。

【视线】顺左食指梢向西南隅远视。（图 128）

【内功操作】脚下重心在何处？我们找到了，重心在小腿骨直对的脚的后脚掌中心的地方。松脚上到顶——百会穴。

图 128

习练太极拳最根本的是脚，其根在脚。常年修炼太极脚，桩功稳。

3. 左掌反采（阴动，阴顶）

【步型】 右腿隅位坐步。隅步右脚尖和左脚跟在一条线上，但身高腿长步可大些，身矮腿短者步型小些，不强求一致，练拳以下盘舒服、适中为好。

【方向】 面西南渐面南。

【方位】 正南。

【实脚】 右腿实，实足。左隅位弓步，逐渐变转为右腿隅位坐步。

【虚脚】 左腿虚，虚净。左隅位弓步渐变转为右隅位坐步。左腿减力，渐虚净，脚尖上扬。

【实手】 左掌实。以无名指引动，外上弧向东南隅线运行，松肩、垂肘、舒腕、空手展指，渐变立掌，掌心向前，指尖朝上，左腕与头齐高，停于东南隅位，左腕与头平。

【虚手】 右掌虚，掌心向下渐立掌，掌心向外，指尖朝上，左臂松肩、垂肘，虚随左掌运行，虚停于右臂臂弯前。

【视线】 随左掌食指注视右掌食指上。（图 129）

图 129

【内功操作】 脚的重心在后脚掌，前脚掌自然空松，这是太极脚的特性。

4. 右掌隅出（阳动、阳顶）

【步型】 左隅位弓步。

【方向】 面西南。

【方位】 西位。

【虚实脚】 由右腿实隅坐步松右腿，减力，从 10 渐减为 0，右腿虚直。左腿由虚渐变为实，成隅位弓步，脚下为八方线中心点。

【实手】右掌实，掌心向前，掌指略向西偏，成斜立掌。随右腿坐步渐变左腿弓步，向隅位上弧形线前展，手追视线。

【虚手】在右左脚变转阴阳重心时，左掌无名指引动外上弧运行。右实掌到位后，松左腕，虎口撑圆向下，与右虎口上下遥对。左右两臂前伸舒展，不可强直，肘微自然下垂。

【视线】从右掌拇指关节横线远视，手追视线。（图130）

图130

【内功操作】从脚往上松，松踝，如感觉脚踝处发热，放松踝即到位。

5. 左掌右转（阴动，阴顶）

【步型】左腿坐步。

【方向】面西。

【方位】西位。

【实虚脚】松左脚，脚前掌微起，立身，以脚后跟为轴向右后方转动，转动时左脚、顶上下一条线，松左胯，右转至转向西位，左脚下为八方线中心点。右腿松，右脚脚尖虚点地，右脚后跟微起，虚靠于左脚内侧。

【实虚手】右腕松，仰掌，小指引指尖向左止于左腋下。左掌虚，松肩、垂肘、松腕，小指引动，外弧俯掌止于右肩前，掌指向右。

【视线】注视左掌食指梢。（图 131）

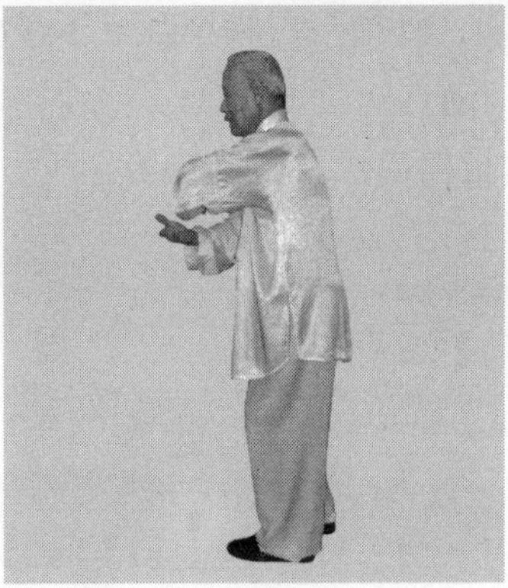

图 131

【内功操作】膝，很难放松。为什么？有力。有的练拳人不爱护膝，以膝支撑全身，天长日久膝出了毛病，练拳时膝肿、疼痛。陈式太极拳家陈照奎先生有练拳 50 病留下来，第 44 病便是跪膝。自然太极拳没有膝，以收吸腹肌沟解决了膝用力支撑全身重量的问题。

6. 右掌弧掤（阳动，阳顶）

【步型】右腿隅位弓步。

【方向】面西偏北约 45°。

【方位】西右正线。

【实虚脚】松左腿，右腿向右前45°开脚，右脚跟虚着地，脚尖上扬。右臂动，右脚前掌渐松平落地，松左腿减力，右腿渐变转为隅位弓步。脚下为八方线中心点。左腿虚，虚净，勿强直。

【实虚手】右臂松肩垂肘、松腕，右掌从左腋下外弧以无名指引动，从左隅位经左正线、右正线运行至右脚外侧，仰掌、掌指向西北隅；食指与右脚小趾上下遥相对。左掌俯掌，中指轻扶右掌脉门随。

【视线】顺食指梢远视。（图132）

图132

【内功操作】胯放松往下走，膝放松往上去，绝配。大腿成为全身的支撑。

7. 右掌反采（阴动，阴顶）

【步型】左隅坐步。

【方向】面北。

【方位】西北隅位。

【实虚脚】松右腿渐减力，左腿虚渐变转为实，成隅位坐步。右腿虚，脚跟虚着地，脚尖上扬。左脚下为八方线中心点。

【实虚手】右肩松肩垂肘、松腕，右仰掌以无名指引动，循外上弧从西北隅线经北正线至东北隅线，右掌渐成立掌，掌指向上，掌心向外。左掌立，轻扶右腕，松随右掌运行，随右掌止于隅线，垂肘。

【视线】注视左掌食指梢。（图 133）

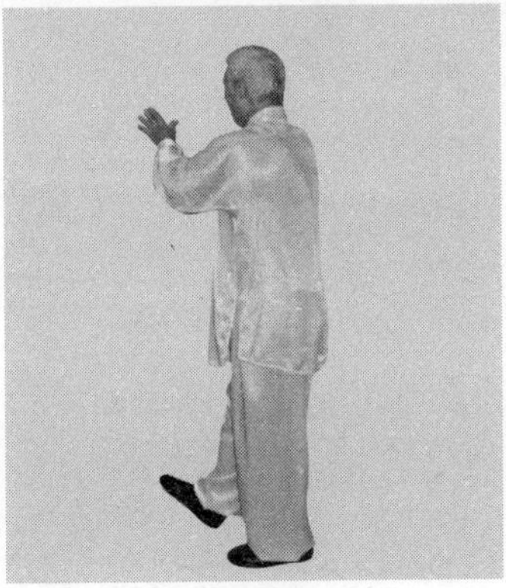

图 133

【内功操作】放松胯左右旋转，腰自然空。行拳空腰转胯，解决了"腰带"难以放松的难题。

8. **左掌隅展（阳动，阳顶）**

【步型】右隅位弓步。

【方向】面西北。

【方位】西右正线。

【实虚脚】松左腿渐减力，减至虚松为右隅弓步之虚腿，虚净，勿强直。右腿从虚渐变转为实，成右隅弓步，脚下为八方线中心点。请习练者注意，虚脚变转为实脚时，虚腿不帮忙，实腿减，虚腿被动加力，对技击极为有益。

【实虚手】左掌实，随虚实腿的变化身形向前隅位运行，左掌偏左立掌，掌心向外；右掌外弧往上舒展，右隅弓步到位，松左腕，左右掌虎口松圆上下遥对。

【视线】顺左掌拇指关节横纹内侧远视。（图 134）

图 134

【内功操作】从脚往上送，上肢松肩，肩是很难放松的一个大关节。因为臂、手在日常生活中干活多，负重也多，生活离不开肩，所以肩是最难放松的。有人提出松肩三法、六法、九法。其实越想松肩越练松肩，肩不但松不下来，反而僵紧，反其道而行了。

杨氏老谱云："大动不如小动，小动不如不动。"传统太极拳的特性是不动，跟肩较劲，怎么能放松呢？

（二十六）上步揽雀尾　8动

1. 两掌隅按（阴动，阴顶）

【步型】右隅弓步。

【方向】面向西北。

【方位】西右正位。

【实虚脚】右隅位弓步，右脚下为八方线中心点。

【实虚手】右掌实，松右腿，九大关节松，节节贯串，松腕，右掌俯，外弧以小指引动向西北隅落下，掌与右肩平，指尖向前。左掌俯，指尖向前，松随外弧落下，止于胸前。

【视线】注视右掌食指梢。（图135）

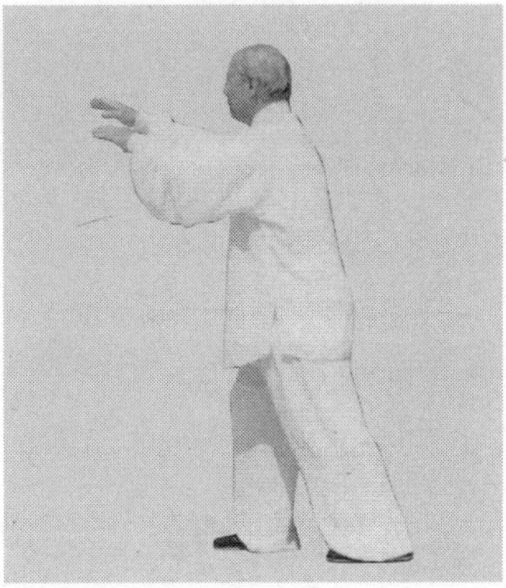

图135

【内功操作】 传统对肩肘的说法是“沉肩坠肘”，沉和坠动作大，意大放松有难度。自然垂肘，肘自然垂下来。平时注意将肘放在地下就好啦。

2. 两掌下捋（阳动，阳顶）

【步型】 左正线弓步。

【方向】 面西低首。

【方位】 西左正线位。

【实虚脚】 松右腿，松左右胯，松脚到顶。右腿实足，左腿松净，左腿被动，松右胯从隅线变转为正线，左脚向左正线自然上步成弓步型，脚下为八方线中心点。右腿松、虚净，勿强直。

【实虚手】 右掌俯，松脚，松肩垂肘，掌指向前，小指引动外弧运行止于左弓膝前上方。左掌俯，小指引动外弧运行止于左胯外侧。

【视线】 顺右掌食指梢远视。（图 136）

图 136

【内功操作】松腕先松手指，展指舒腕。手部五指十四个小关节要一一松开，难度大。腕上有八块小骨头，也要松开。想想都要放松，难度有多大。要修炼内功，在“手上讨消息”，不可不察。

3. 两掌前掤（阴动，阴顶）

【步型】左正线坐步。

【方向】面西。

【方位】西右正线。

【实虚脚】松左腿，一松到顶，右腿极虚，松右胯自然上步，为左坐步之虚腿，右脚后跟虚着地，脚尖上扬。左腿实，实足坐步，脚下为八方线中心点。

【实虚手】松肩垂肘，右掌仰，无名指引动，外上弧运行止于眼前，拇指对鼻尖。左掌虚随，掌心向右，掌指向前，拇指、食指虚扶于右肘内侧，成右抱七星型。

【视线】注视右拇指、食指尖上一寸。（图137）

图137

【内功操作】九松十要难度很大，请细细琢磨。

4. 左掌打挤（阳动，阳顶）

【步型】右弓步。

【方向】面西。

【方位】西正位。

【实脚】右腿从虚腿变转为弓步。右脚下为八方线中心点。

【虚脚】左虚腿松、虚直，如感觉不爽可内扣脚后跟。如变转为坐步，内扣之脚要开为正脚形。

【实手】左手实，立掌打挤，掌心向外，左掌掌心对右腕脉门。

【虚手】右实手松肩、垂肘、松腕，变转为虚手，掌心向内。

【视线】从左手食指梢上平远望。（图138）

图138

【内功操作】十要之首是溜臀。溜臀的关要不在臀部的左右两块肉，而是尾闾，这个地方通俗讲即尾巴骨。如何放松？

可以双脚重心下蹲及坐步、弓步三种练法。

5. 右掌回捋（阴动，阴顶）

【步型】 右弓步变转为左坐步。

【方向】 正西。

【方位】 面西。

【实脚】 右腿实弓步，变转为左腿实坐步。八方线中心点从右脚下又变转到左实脚下。

【虚脚】 虚脚随弓步脚后跟稍扣，变转为实腿坐步时，虚脚变转为实脚，内扣之虚脚要外开还正。

【实手】 手背向上外弧轻扶回捋至右胯上方，前臂要平，手位不可下垂，仰掌止于左胯前。

【虚手】 左手心向上，中指轻扶右实手脉门，俯掌随实手。

【视线】 视线从平远收回追视右实手食指。（图139—图141）

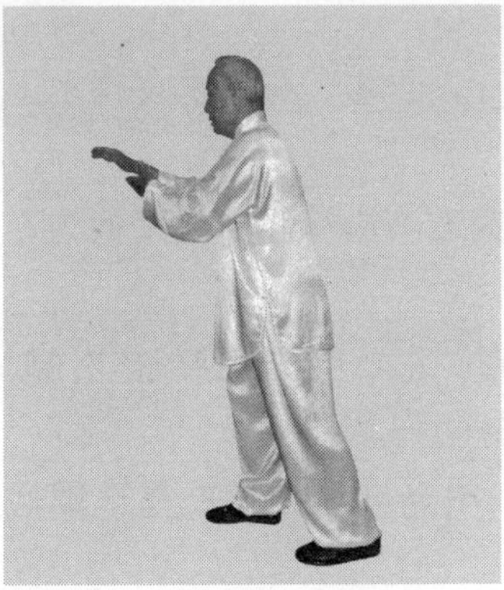

图139

图140

图 141

【内功操作】不管用何法，膝不着力。练时着宽松的练功裤，意似荡秋千向前的动作，尾闾下去了，或似坐椅子的瞬间，不是坐沙发，读者不妨试试。

6. 右掌前掤（阳动，阳顶）

【步型】弓步、坐步。

【方位】左右腿弓、坐步变换重心。

【方向】面西、偏西北13°左右，面北，右仰掌食指上下遥对右脚小趾。

【实脚】由左实脚坐步，变换为右实脚弓步，再变换为左实脚坐步。八方线中心点在实脚下。

【虚脚】虚右脚，变弓步虚左脚，左坐步再变换成虚右脚，脚尖上扬。

【实手】实手仰掌，以无名指引动外弧轻扶经西北隅线至北正线止。

【虚手】左手中指轻扶右腕脉门随实手动。

【视线】视线在前实手追视线。（图 142、图 143）

图 142

图 143

【内功操作】溜臀的同时要裹裆，收小腹，收吸左右腹股沟。往上空胸，收吸胸窝，圆背。胸窝是在双肩前的两条自然沟。应不忘随时收吸胸窝，积累功夫。

7. 右掌前舒（阴动，阴顶）

【步型】左坐步变换右脚内扣。

【方向】面北变换成面西南。

【方位】身位向西，运行至西南。虚实脚变换，但实脚下是八方线中心点。

【实脚】左实腿坐步。

【虚脚】右脚虚，随式变换向南扣脚前掌。

【实手】右实手掌心向上、掌指向北，渐变换为立掌掌心向南，右肘与右脚尖上下遥对相合，随右脚动。

【虚手】左虚手中指轻扶右实手脉门虚随。

【视线】注视实手食指梢。（图 144—图 147）

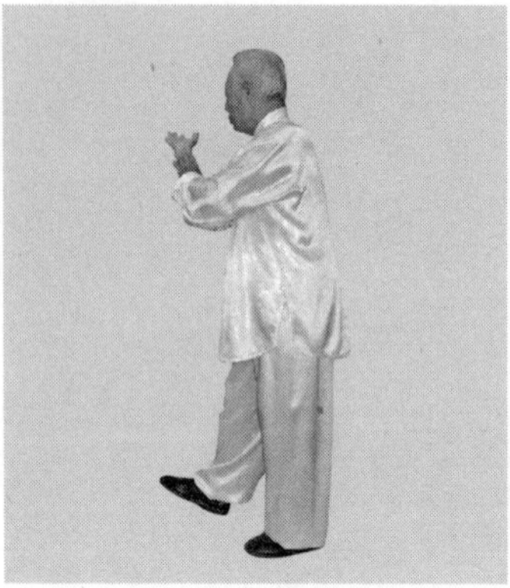

图 144

图 145

图 146

图 147

【内功操作】十要的关要是收吸左右腹股沟。开始练时，要放弃以弓步前进的膝支撑，以坐椅、荡秋千之法慢慢练，找感觉。练时不要过低，慢慢去体验。练时放松脖子别较劲。吴图南老爷子教导学子要“脱胎换骨”，内功上身要经历从普通平常人到松体人空体人的过程，能不难吗？

8. 右掌右展（阳动，阳顶）

【步型】八字步。

【方向】西南隅位。

【方位】西南。

【实脚】八字步，左脚实渐变为右脚实，右脚下为八方线中心点。左右脚重心变换身形从东向西转约30°，右实掌不动看似运动。这个动作的过程以收吸左右腹股沟完成，身形不动，不要有动意。

【虚脚】左脚虚。

【实手】右立掌，掌心向南，外上弧轻扶。

【虚手】左虚手中指梢轻扶右实手腕脉门虚随。

【视线】顺右手食指梢远望。（图148）

图148

【内功操作】一虚灵，指头顶百会穴处（阴顶），一想即逝。松脚到顶很有味道。虚灵，周身无处不在，习练者慢慢体验。

精编29式是普及版，“由着熟而渐悟懂劲，由懂劲而阶及神明”。先贤告诫“太极十年不出门”，这里的十年是个概数。修炼者悟性好，有灵气，也许六年八载，否则十几年二三十年也不一定拿到内功。

（二十七）单鞭　2动

1. 右掌变钩（阴动，阴顶）

【步型】右腿坐步。

【方向】面西南。

【方位】南正位。

【实脚】右腿坐步。脚下为八方线中心点。

【虚脚】左脚后跟虚起，脚前掌虚靠于右脚内侧。

【实手】右掌松腕小指引动松拢五指，变虚钩，外上弧轻扶，钩端右腕与眼平。

【虚手】左掌虚立掌，掌心向内，食指、中指、无名指、小指背松贴于右腕内侧。

【视线】注视右腕隆起部位。（图149）

图149

【内功操作】掌变拳、钩或拳、钩松展为掌时，操作中同时松脚。本式右掌松拢成虚钩，同时松虚左脚。

2. 左掌左展（阳动，阳顶）

【步型】马步。

【方向】面东。

【方位】南正位。

【实脚】右脚实坐步。左右脚中间尾间下方为八方线中心点。

【虚脚】左脚（腿）虚，从右脚内侧向东开步，至两脚相距两肩宽，脚尖点地。

【实手】左实掌渐旋成掌心向上，小指引动，外弧向东运行，至东正线，立掌，掌心向东。

【虚手】右手虚钩。

【视线】顺左掌食指梢远望。（图150）

注意勿走手，手掌随脚虚实变化而动。

图150

【内功操作】阳动的起点是阴起的止点，变转虚实须留意。单鞭阳动180°从西向东要走出弧形线，途经45°极限点，90°极限点，45°极限点，要循低—高—低的弧线运行。

(二十八) 云手 10动

1. 左掌下捋（阴动，阴顶）

【步型】右弓步——双重步。

【方向】面东——俯面——正南——西南。

【方位】南正位。

【实脚、实手】右手虚钩渐松，拇指引动，依次舒展食指、中指、小指，渐变掌，面东渐面西。右掌掌心向下。左掌掌心向下，松肩、垂肘、松腕，下弧轻扶，逐渐掌心向右运行至左膝，松左脚虚左腿，左脚后跟提起，脚前掌点地，右腿重心弓步。左掌外上弧轻扶，经右膝前向西南隅位舒伸长身至极限，松右腿。同时，右虚掌虚落于右胯侧，掌心向内。

【虚脚、虚手】左虚脚后跟平松落地，双腿立，尾闾直下位为八方线中心点。左掌上弧轻扶，松肩、垂肘，松回至面前，掌心向内，立掌，食指与眼平。

【视线】注视左掌食指梢。（图151、图152）

【内功操作】此式从东至西运行，动作大，大动作要注意拳之细节。脚为根，从脚下往上松，虚实手须松肩、垂肘，屈伸、起落，上臂和前臂不可强直，腿不可僵直，随时收吸腹肌沟。

图 151

图 152

2. 左掌弧捋（阳动，阳顶）

【步型】 马步——弓步。

【方向】 面南——面东。

【方位】 南正位，东南隅位。

【实脚、实手】 左右脚松，逐节上松至左掌，松右腿减力，实左腿渐变左坐步。左实手外弧轻扶向东舒伸，随左胯向左旋，左掌渐下弧运行，小指引动至掌心向下，掌指向东。

【虚脚、虚手】 左掌向东至极限，右脚脚跟虚起，脚尖着地。右虚掌松垂。

【视线】 顺左掌食指梢远望。（图 153、图 154）

【内功操作】 每动由松脚始，往上松至手，两个来回，松脚到顶，顶上虚灵，阳顶在囟会穴。旋转身躯时，空腰，不要动腰，由实胯、实脚运转。

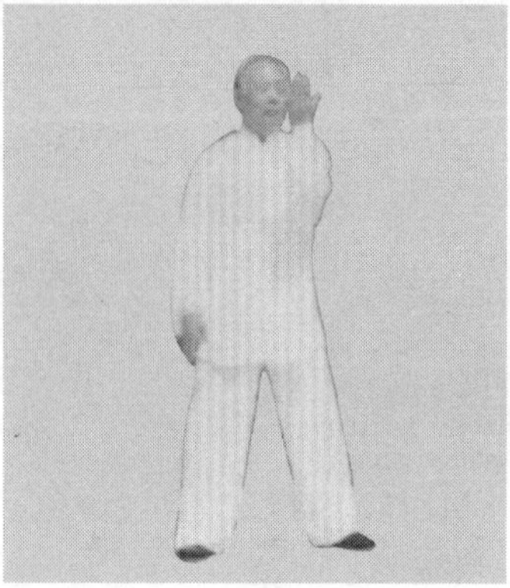

图 153

图 154

3. 右掌上掤（阴动，阴顶）

【步型】左腿坐步。

【方向】面南。

【方位】南正位。

【实脚、实手】松左实脚，上松到顶，左掌虚落。右掌上弧轻扶向前上运行至东南隅位，至极限正身，右掌立，掌心向内，掌食指与眼平。

【虚脚、虚手】右虚脚上步，虚脚前掌靠于左脚内侧。同时左掌虚落至左胯外侧。

【视线】注视右掌食指。（图 155）

图 155

【内功操作】松实脚到顶，注意阴阳顶的把握，松脚到顶准确到位，周身轻灵。

4. **右掌弧捋（阳动，阳顶）**

【步型】右腿坐步。

【方向】面南——面西。

【方位】西南隅位。

【实脚、实手】右腿实，屈膝坐步。右手实，掌心向内、向前舒伸，小指外下弧旋转，仰掌渐变俯掌，外弧轻扶，右膝松虚旋向西南、西，舒伸至极限。

【虚脚、虚手】左腿虚，左脚脚前掌虚着地，左虚手松垂。

【视线】顺右掌食指梢远望。（图156、图157）

图156

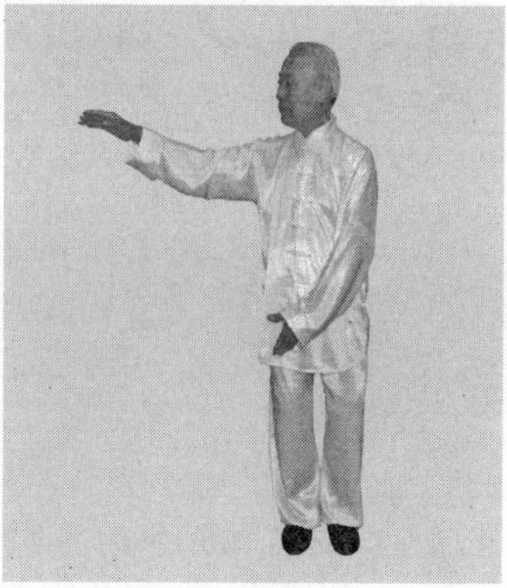

图157

【内功操作】脚是根，由松脚始，上松到手。每动关要是松腰，腰松则一切动作都走得开。

5. 左掌下捋（阴动，阴顶）

【步型】右弓步，双脚双重马步。

【方向】面西南。

【方位】西南隅——南正位。

【实脚、实手】左掌向西、西南上弧轻扶（左掌动，右虚腿向东舒伸）至极限，随左脚松平落地，左立掌掌心向内，食指与眼平，左右脚双重过渡。

【虚脚、虚手】右掌虚，下弧向下虚落于右胯外侧。左虚腿向东舒伸，脚尖虚点地，松右腿，左脚松平落地。

【视线】注视左掌食指梢。（图158、图159）

图158

图159

【内功操作】注意手掌的方向到位准确。

6. 左掌弧捋（阳动，阳顶）

【步型】马步——弓步。

【方向】面南——面东。

【方位】南正位、东南隅位。

【实脚、实手】左右脚松，逐节上松至左掌，松右腿减力，实左腿渐变左坐步。左实手外弧轻扶向前舒伸，随左胯向左旋，左掌渐下弧运行，小指引至掌心向下，掌指向东。

【虚脚、虚手】左掌向东至极限，右脚脚跟虚起，脚尖着地。右虚掌松垂。

【视线】顺左掌食指梢远望。（图160、图161）

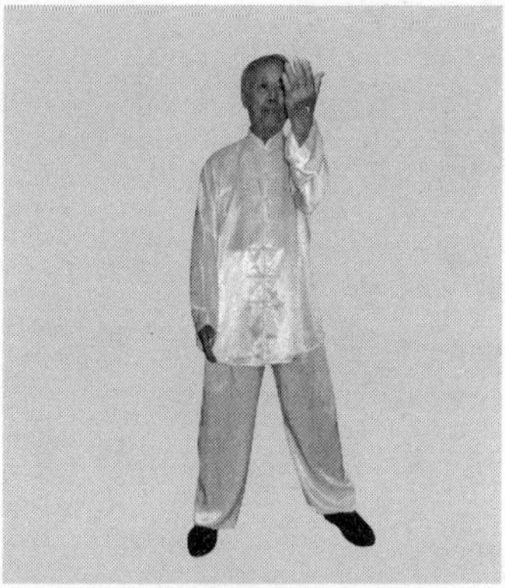

图160

图161

【内功操作】行拳时松脚到手梢，只有空手时才可能体验到上下相随（手脚结合）的奥妙，更能体验到举动轻灵。上下四肢、身躯绝对不要挂力。

7. 右掌上掤（阴动，阴顶）

【步型】双腿坐步。

【方向】面南。

【方位】南正位。

【实脚、实手】松左实脚上松到顶，左掌虚落，右掌上弧轻扶向前上运行至东南隅位，极限正身，右掌立，掌心向内，掌食指与眼平。

【虚脚、虚手】右虚脚上步脚前掌虚靠于左脚内侧，左掌虚落至左胯外侧。

【视线】注视右掌食指。（图 162）

图 162

【内功操作】注意上下肢周身放松，脚趾、手指的小关节及各大关节、肌肉间放松，尽可能不挂力。

8. 右掌弧捋（阳动，阳顶）

【步型】右腿坐步。

【方向】面南——西。

【方位】西南隅位。

【实脚、实手】右腿实，屈膝坐步。右手实，掌心向内、向前舒伸，小指引动，逐渐外下弧旋转，外弧轻扶，松右掌向西南、西舒伸至极限。要注意松肩垂肘。

【虚脚、虚手】左腿虚，左脚脚前掌虚着地，左虚手松垂，掌心向内虚靠于左胯外侧。

【视线】顺右掌食指梢远望。（图163）

图163

【内功操作】注意视线，阳动，视线在前手追视线；阴动，手动在前视线追手。

9. 右掌变钩（阴动，阴顶）

【步型】坐步。

【方向】面西。

【方位】西南隅位。

【实脚、实手】右腿实坐步。右掌松腕，小指引无名指、中指、食指、大拇指虚拢为虚钩。

【虚脚、虚手】左腿虚，脚前掌着地，脚后跟虚起。左虚掌从左侧往右外上弧运动，食指与右钩手食指相接。

【视线】注视右腕隆起部位。（图 164）

图 164

【内功操作】放松周身，关要为松左右腕和左右踝关节。功夫在拳场之外，平时走路、乘车、室内劳作、写字等活动，注意放松双腕和两踝。

10. 左掌弧捋（阳动，阳顶）

【步型】马步。

【方向】面东。

【方位】南正位。

【实脚、实手】松右实脚，往上松到顶，左脚脚掌逐渐平松落地，成双重马步。左掌实，被动运行至中线鼻正位后，小指引动，外弧轻扶，松肩垂肘运行至东正线停，立掌，掌心向外，掌指向上。

【虚脚、虚手】 左脚松，松左胯，左脚被动向东舒展，至马步位（约二肩宽）。右掌虚钩为虚手。

【视线】 从左掌食指梢上远望。（图 165）

图 165

【内功操作】 动即松脚，往上松到实手。步法有动作，松脚到顶，脚退力被动变转重心，动则分阴阳。关要是循太极拳之规律、规范和阴阳学说行功。

（二十九）收势（合太极） 2 动

1. 右钩变掌（阴动，阴顶）

【步型】 侧弓步。

【方向】 面西。

【方位】 南正位。

【实脚、实手】右手钩变掌，左右手外弧旋转轻扶同时变俯掌，左掌指梢舒长。头部从面东转向面西，松左腿，形右腿实侧弓步。

【虚脚、虚手】左脚虚净，左脚脚后跟虚起，脚前掌虚着地，左掌掌心向下。

【视线】注视右掌食指梢。（图 166）

图 166

【内功操作】在操作中，凡左（右）掌为实手，掌指向远处舒长，食指梢轻扶绝对不可着力。

2. **两掌合下（阳动，阳顶）**

【步型】自然步。

【方向】面南。

【方位】南正位。

【实脚、实手】松脚往上松至左右手梢，视线随右掌向南收回南正位。松肩、垂肘，松左右腕，外弧轻扶，左右掌在胸前合，左右食指尖相对。

【虚脚、虚手】左虚脚虚收于右脚内侧，自然步型。松双脚往上，顶上虚灵。左右手松垂，左右掌掌心向内。静候，上下深呼吸三口气，往右散步。

【视线】平远视。（图167—图169）

【内功操作】放松周身九大关节，手指、脚趾54个小关节，内心、神、意、气静，外示安舒，松净，收小腹、腹、胸……周身不挂力，经络、血液管道、气道通畅。

图167

图168

图169

自然太极拳道法

传统太极拳以老庄哲学、易经学为基础理论，指导太极拳修炼的是中国古典哲学，道、释、儒三家学说以及唐以后的拳家思想。

黄帝内经的静者为阴、动者为阳的养生之道。

孔子的儒家学说，两千多年影响中华民族的发展。孔子主张中庸之道，中正、持中、中和、适中。凡事都有个度，中庸是把握处理事情的适度。拳经有无过不及、中正安舒之要素。

孔子的学习态度，学而不厌，诲人不倦，不耻下问。

老子《道德经》的“道”，孔子认为道是运动着的，宇宙万物包括自然界，人类社会和人的思维及一切运动，都是遵循“道”的规律而发展变化着的。

老子：道法自然。虚极、守静。道者，万物之奥。柔弱处上，柔以胜刚，上善若水，天下莫柔弱于水。

庄子继承发展了老子“道法自然”的学说。他认为道是无限的，“无所不在”。主张虚静，恬淡。

孟子：静神。养心莫善于寡欲。

孙思邈：淡然无为，神气自满。

炼虚歌：虚极又虚，静之又静。

张载：大道全凭静中得。

李道子：无形无象，全体透空。

王宗岳《太极拳论》全文如下：

太极者，无极而生，动静之机，阴阳之母也。动之则分，静之则合。无过不及，随曲就伸。人刚我柔谓之“走”，我顺人背谓之“黏”。动急则急应，动缓则缓随。虽变化万端，而理唯一贯。由着熟而渐悟懂劲，由懂劲而阶及神明。然非用功之久，不能豁然贯通焉！

虚领顶劲，气沉丹田，不偏不倚，忽隐忽现。左重则左虚，右重则右杳。仰之则弥高，俯之则弥深。进之则愈长，退之则愈促。一羽不能加，蝇虫不能落。人不知我，我独知人。英雄所向无敌，盖皆由此而及也！

斯技旁门甚多，虽势有区别，概不外壮欺弱、慢让快耳！有力打无力，手慢让手快，是皆先天自然之能，非关学力而有为也！察“四两拨千斤”之句，显非力胜；观耄耋能御众之形，快何能为!?

立如平准，活似车轮。偏沉则随，双重则滞。每见数年纯功不能运化者，率皆自为人制，双重之病未悟耳！

欲避此病，须知阴阳。黏即是走，走即是黏。阴不离阳，阳不离阴，阴阳相济，方为懂劲。懂劲后愈练愈精，默识揣摩，渐至从心所欲。

本是“舍己从人”，多误“舍近求远”。所谓“差之毫厘，谬之千里”，学者不可不详辨焉！是为论。

陈长兴《太极拳十大要论》一理三合（摘）：

一理　第一

夫物散必有统，分必有合。天地间，四面八方，纷纷者各有所属；千头万绪，攘攘者自有其源。盖一本可散为万殊，而万殊咸归于一本。拳术之学，亦不外此公例。

夫太极拳者，千变万化，无往非劲。势虽不侔，而劲归于一。夫所谓一者，自顶至足，内有脏腑筋骨，外有肌肤皮肉，四肢百骸相联而为一者也。破之而不开，撞之而不散。上欲动而下自随之，下欲动而上自领之；上下动而中部应之，中部动而上下和之。内外相连，前后相需。所谓一以贯之者，其斯之谓欤！

而要非勉强以致之袭焉！而为之也，当时而动，如龙如虎，出乎尔而急如电闪；当时而静，寂然湛然，居其所而稳如山岳。且静无不静，表里上下，全无参差牵挂之意；动无不动，前后左右，均无游疑抽扯之形。洵乎若水之就下，沛然莫能御之也。若火机之内攻，发之而不及掩耳。不暇思索，不烦疑议，诚不期然而已然。

盖劲以积日而有益，功以久练而后成。观圣门一贯之学，必俟多闻强识，格物致知，方能有功。是知事无难易，功惟自进，不可躐等，不可急就；按步就序，循序渐进。夫而后百骸筋节自相贯通，上下表里不难联络，庶乎散者统之，分者合之，四肢百骸总归于一气矣！

三合　第六

五脏既明，再论三合。夫所谓“三合”者：心与意合，气与力合，筋与骨合，内三合也；手与足合，肘与膝合，肩与胯合，外三合也。

若以左手与右足相合，左肘与右膝相合，左肩与右胯相合，右三与左亦然。以头与手合，手与身合，身与步合，孰非外合！心与目合，肝与筋合，脾与肉合，肺与身合，肾与骨合，孰非内合！然此特从变而言之也。

总之，一动而无不动，一合而无不合，五脏百骸悉在其中矣！

武禹襄：《十三势行功要解》

解曰，以心行气，务令沉着，乃能收敛入骨。以气运身，务令顺随，乃能便利从心。精神能提得起，则无迟重之虑，所谓顶头悬也。意气须换得灵，乃有圆活之趣，所谓变转虚实也。发劲须沉着松净，专主一方。立身须中正安舒，支撑八面。行气如九曲珠，无往不利（原注：气遍身躯之谓）。运劲如百炼钢，何坚不摧，形如搏兔之鹄，神如捕鼠之猫。静如山岳，动若江河。蓄劲如开弓，发劲似放箭。曲中求直，蓄而后发。力由脊发，步随身换。收即是放，断而复连。往复须有折迭，进退须有转换。极柔软，然后极坚刚。能呼吸，然后能灵活。气以直养而无害，劲以曲蓄而有余。心为令，气为旗，腰为纛，先求开展，后求紧凑，乃可臻于缜密矣。

又曰，先在心，后在身，腹松，气敛入骨，神舒体静，刻刻在心。切记一动无有不动，一静无有不静。牵动往来，气贴背，敛入脊骨，内固精神，外示安逸，迈步如猫行，运劲如抽丝。全身意在精神，不在气，在气则滞。有气者无力，养气者纯刚。气若车轮，腰如车轴。

又曰，彼不动，己不动；彼微动，己先动。似松非松，将展未展，劲断意不断。

又曰，一举动，周身俱有轻灵，尤须贯串。气宜鼓荡，神宜内敛。勿使有缺陷处，勿使有凹凸处，勿使有断续处。其根在脚，发于腿，主宰于腰，形于手指。由脚而腿而腰，总须完整一气，前进后退，乃能得机得势。有不得机得势处，身便散乱，其病必于腰腿求之，上下、前后、左右皆然。凡此皆是意，不在外面。有上即有下，有前即有后，有左即有右。如意要向上，即寓下意。若将物掀起，而加以挫之意，斯其根自断，乃坏之速而无疑。虚实宜分清楚，一处有一处虚实，处处总此一虚实，周身节节贯串，勿令丝毫间断耳。

王宗岳《十三势歌诀》

十三总势莫轻视，命意源头在腰隙。
变转虚实须留意，气遍身躯不稍滞。
静中触动动犹静，因敌变化示神奇。
势势存心揆用意，得来不觉费功夫。
刻刻留心在腰间，胸腹松净气腾然。
尾闾中正神贯顶，满身轻利顶头悬。
仔细留心向推求，曲伸开合听自由。
入门引路需口授，功夫无息法自修。
若言体用何为准，意气君来骨肉臣。
详推用意终何在，益寿延年不老春。
歌兮歌兮百四十，字字真切义无遗。
若不向此推求去，枉费工夫贻叹惜。

拳经、拳诀、短语、歌诀。要背诵，实践常用：

一处有一处虚实，处处总此一虚实，

一动无有不动，一静无有不静。

一举动，周身俱要轻灵，用意不用劲。

接手分清你和我，你我之间不混合。

太极无手，浑身皆手。

太极不用手，手到不要走。

形于手指，妙手空空。无形无象，全体透空。

外面之形，秀若处女，不可带张狂气；一片幽闲之神，尽是大雅风规。

学悟背三个诀：

虚实诀

虚虚实实神会中，虚实实虚手行功。
练拳不谙虚实理，枉费工夫终无成。
虚守实发掌中窍，中实不发艺难精。
虚实自有实虚在，实实虚虚攻不空。

乱环诀

乱环术法最难通，上下随合妙无穷，
陷敌深入乱环内，四两千斤着法成。
手脚齐进横竖找，掌中乱环落不空。
欲知环中法何在，发落点对即成功。

阴阳诀

太极阴阳少人修，吞吐开合问刚柔。
正隅收放任君走，动静变化何须愁？
生克二法随着用，闪进全在动中求，
轻重虚实怎的是？重里现轻勿稍留。

（摘自《太极拳谱》）

自然太极拳心法

为了弘扬中华民族珍贵的文化遗产，继承和发展传统太极文化，深研传统太极拳的拳理拳法，要立足继承，把先辈太极拳的拳理接过来，吃透嚼烂，咂摸出拳理的真髓。将祖辈给我们的拳法，千万遍准确地演练，将拳盘出韵味，琢磨出拳的本来面目，着重发展，大力传播弘扬。

团结各界同道及广大太极拳爱好者和有志于深研传统太极拳的技艺者，挖掘、整理、普及、提高。将科学的、医学的、美学的、哲学的、高文化品位的，经过发展注入现代人的思维和新观念的太极拳推向世界。团结海内外传统太极拳爱好者和深研家，为提高整体太极拳水平，为全人类的健康做出我们的贡献。

我们时刻将民族、将国家放在心上，贯彻“双百”方针，“二为”方向，贯彻“全民健身计划”，在高速发展经济奔小康的道路上与时俱进，突破不利于传播太极拳的障碍，改变思维方式，更新观念，以传统太极拳的规律和规范普及传统太极拳、普及太极拳内功。

天下武术是一家。各家各派的中国武术人，历经艰苦，冲破重重困难，甘于寂寞，顶着酷暑严寒，付出汗水，甚至致伤，致残，还有的早逝……他们的付出为我们的提高和发展给予了警示，使我们能顺利活跃在普及和发展的练武场上。

体育界老领导李梦华先生对武术界说过颇具影响力的一句话，他语重情长地说："自己可以说自己好，不要说人家不好。"这是爱护武术、发展武术的亲切话语。中华武术源远流长，今天，祖国太平盛世，武术百花园里争鲜斗艳。武术门派林立，各家各派随着中华文明的发展而发展。中华武术博大精深，不同的门派有不同的训练方法，在承传过程中一个门派有一个门派的风格，由于文化修养不同，承传关系各异，一个老师一个教学法，这是很正常的事情。不要对人家的教学法、教师的承传提出异议。

中华武术世人瞩目，太极拳得到世界人民的喜爱。我们的彼邻一衣带水的日本，57年来多次派太极拳代表团访问中国，我们敬爱的邓小平同志，应日本太极爱好者的请求题词"太极拳好"书赠日本友人。又是我们邻邦日本福岛县喜多市议会决定把该市建成"太极拳城"。2003年4月29日喜多市召开"太极拳城"的宣言大会。澳大利亚首都的某军校早操则练中国的太极拳。欧洲某国将每月的一个星期定为太极拳周。在德国某个大学城有一个似中国武馆的文化组织，迎门挂有一幅由中国书法家书写的《太极拳论》，将客厅带入东方文化之神秘。

全世界许多国家痴迷中华武术及太极拳，我们则在武术期刊上互相贬损，中国同行陷入不解，外国的武术太极拳爱好者更加迷茫。凡中华武术历经几千年，能承传下来，极具特性，否则会自我淘汰，如果我们互相指责，奥运会武术官员不知所措，又如何投赞成票使中国武术成为奥运项目？

武术界的老领导、老朋友徐才先生，对我们这些基层会长们不止一次谈过，"不要什么式"。发展什么式，武术必然落入家族武术的麻烦之中，某省六合拳想开个大会困难重重，原因是老拳师逝世后，后人阻碍，他说，“你们练的是我们家的拳”。还有一个拳种的大师逝世，生前立下遗嘱，选定了接班人，可是家族后人站出来反对，欲提出来接班。以上种种家族武术会自然将封建的遗存带进来，干扰正常的武学活动。

以吴式太极拳为例，京城杨禹廷先生承传的技艺，双脚平松落地，不取“五趾爪地”，杨禹廷先师在《杨禹廷太极系列秘要集锦》一书中提到“有的拳术要求‘足背要弓，五趾抓地’。太极拳则要求实脚的五趾舒展，全部脚底平铺于地面，好像与大地融为一体”。吴图南先生进一步要求脚趾一一放松。东北同出一门的吴式太极拳，则要求五趾抓地。一师之徒多种技法，在同一名称“吴式太极拳”旗下，同宗不同派是正常现象。

吴式太极拳可以有江南正宗派、关内派、关外派、五趾抓地派、五趾平松铺地派，吴图南先生提倡先天自然派。竖看武术，同宗不同派多多；横看武术，同派掌门逝世，一时间选不出首席拳师，或者又分出若干派并不鲜见。其实像京剧那样，京剧姓京有各种流派，听众根据个人爱好“追星”也是很正常的。

中华武术博大精深，绝不是一家一户的家族产业。我习练太极拳说拳话，也绝对不是周吴郑王私家的事情，如果一家一户发展，中国人看了分不清，外国人更看不明白，难以统一教材，统一理论，统一教学，也会制约传统太极拳的发展。国家套路 24 式太极拳推广得很好，统一教材，统一挂图，统一拳式，统一教学，全世界一个标准，一个裁判，八方来客站在天安门前，打 24 式太极拳，音乐一响便练起来，场面壮观，动作整齐划一，老外也不是老外了。

天下武术是一家，武术人宜团结起来，继承发展传统太极文化。吴图南教授说："闻道有先后，师不必贤于弟子。"心平气和取长补短。对后学之士，我们要耐心传授且付出一点点代价；对待具有功利追求者，要多讲些道理，太极拳有进有退，退一步就退一步，中华民族的美德——进一步退两步。吴图南先生说得好，他说："群起研究，互相探讨。"为了培养新人，老一辈拳家为年轻人当垫脚石，也不妨！

练自然太极拳要求静下心来，勿急，一招一式慢慢练，心态平和是最为重要的。

自然太极拳拳法

传统自然太极拳拳法操作简单化、科学化。每动都以步型、方向、方位、实脚、虚脚、实手、虚手、视线解析。拳可简式，但不可不要拳理。

自然太极拳坚持通俗简捷，以“三易”为广大太极爱好者提供便利的学练文字和图片。书中文字和授课均以易学、易懂、易操作为准则。每个动作一学就会，一说就懂，操作简便。对于初学者习拳很方便，对多年的修炼者也有益深研。

拳场有一句大家常说又都认同的一句话，“练太极拳的人多如牛毛，成功者凤毛麟角”。自然太极拳要改变这种观念，改变习练者状况，提高整体太极拳水平，以健体、养生为目的。

在拳法习练中有以下几点说明：

（一）欲练好传统太极拳，对拳的特性、拳架结构要有一定的认识和研究，找到最适合于你的“切入点”

1. 太极拳有它自身的运动规律和运行轨迹。欲习练太极拳者，必须放弃自己的生活规律和运动轨迹，以符合拳的运动规律和运行轨迹。

2. 太极拳的特性是阴阳变化，举动轻灵，用意不用力，上下相随，内三合，外三合，这也是拳的规范，习练时要循规蹈矩。开始习练可以不顾及这些，但深层修炼要注意拳的内在要求。

3. 习练太极拳不要以人的主观和主动行拳，要符合太极拳在阴阳变化动态，外动内静、外静内动、循环往返，始终保持松柔、松空、松无的状态。其根在脚，形于手指。手上绝对不能用力，用功之久，便能体会"太极手"妙手空空之妙。初练者不拘泥于以上要求，随意而练。

4. 改变思维，改变观念。从太极拳的视角看待太极拳，以太极拳的阴阳变化改变自己的观念。改变思维之后将改变多年的习惯看法，你将认识到不是一切力胜，你将认为两军对阵智者胜，虚者胜。

5. 太极拳以被动减法习练。所谓被动，行拳时，松脚，放松周身，内求心、神、意、气安静，外示安舒中正，行拳自然轻灵，随着拳的运行轨迹用意不用力。勿想这想那，如想经络，想穴位，想着拳的走向等等。减法，被动练拳，如此才有成功的可能，勿主观，勿主动。

6. 阴阳相济，太极图腾阴阳互抱不离，拳之母是阴阳。但在解说单式时，以阴动和阳动讲解不是不要阴阳相济，请别误解。太极拳不能离开阴阳相济，运动中是没有单阴单阳的。

天地大宇宙，人身小太极，离开阴阳就不是太极拳，请拳友悟道。

太极图

（二）深层修炼操作中的注意事项

1. 从下往上放松，脚（脚趾）、踝、膝、胯、腰、肩、肘、腕、手（手指）。还要放松的部位是：溜臀、裹裆、收吸左右腹股沟、收小腹、空胸、收左右胸窝、圆背、弛项、顶上要虚灵有神，越自然越好，称为“虚灵神顶”。顶分阴阳，拳式中有细解。

2. 初学和深研，步型很重要。

步型：

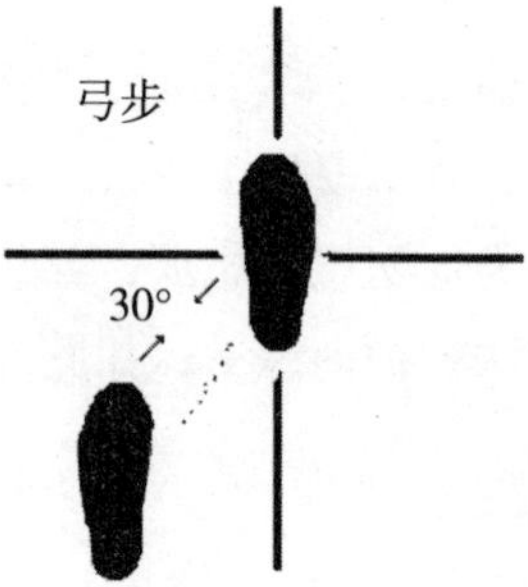

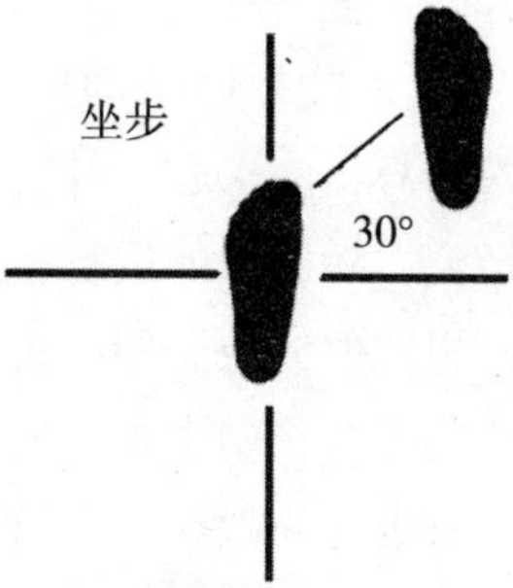

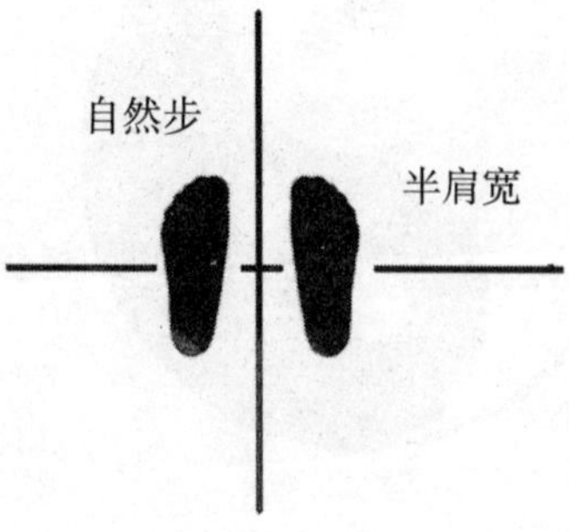

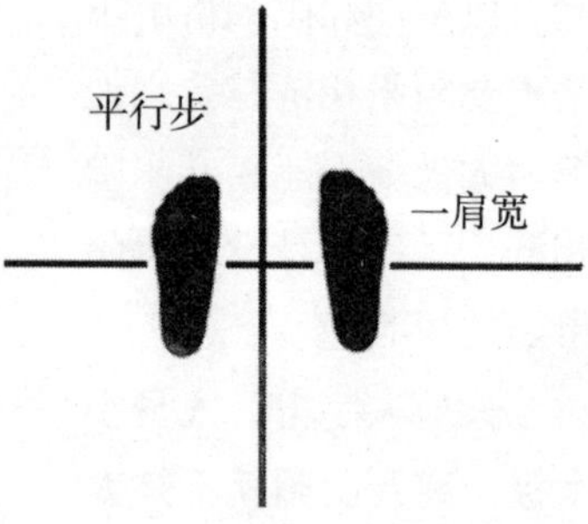

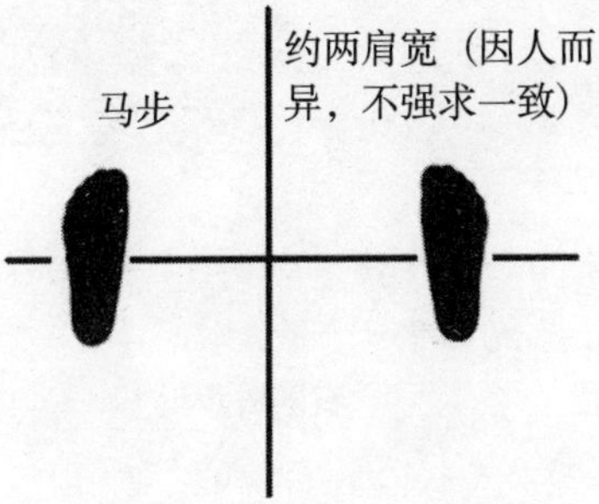

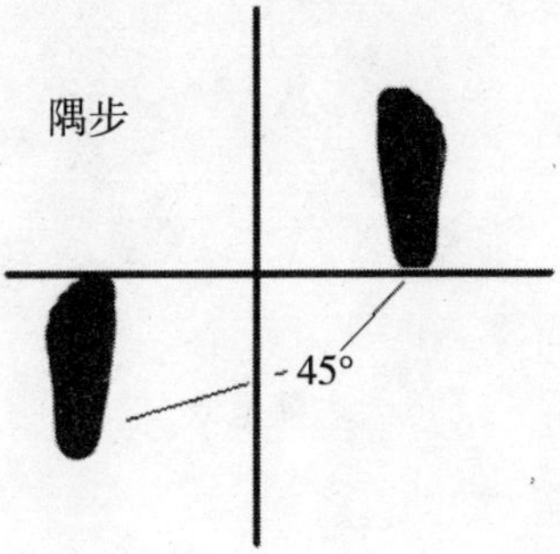

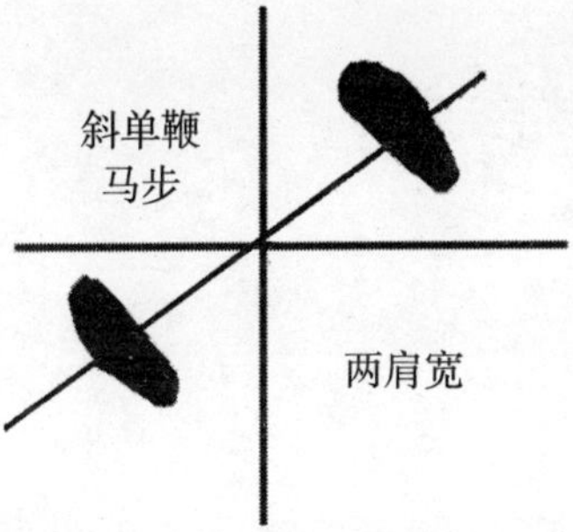

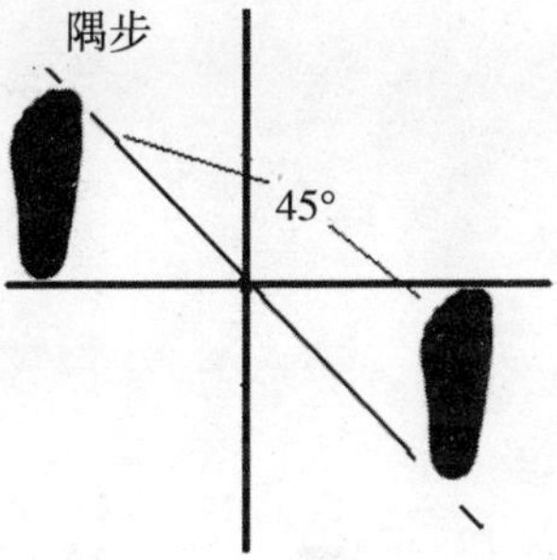

步型还有：侧弓步、点步、一字步、歇步、虚丁步、仆步、八字步等等，在拳式中将一一作介绍。

步幅在拳中有严格规范，但习拳人高、矮、胖、瘦、腿长、腿短不同，根据个人习惯，又不强求度数，步幅，以习练者舒服为准。

附步型图如下：

左隅坐步

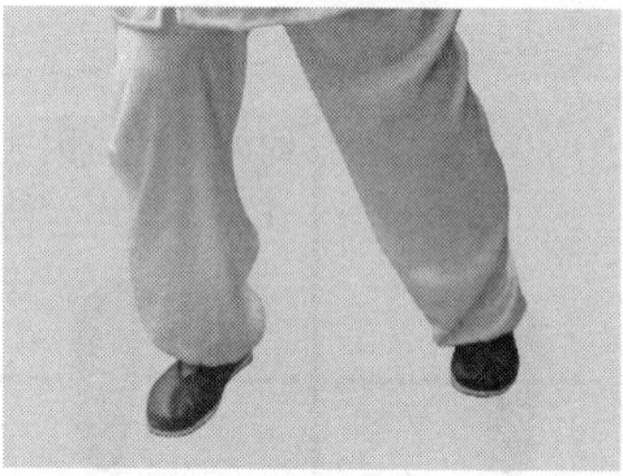

右隅弓步

3. 掌、钩

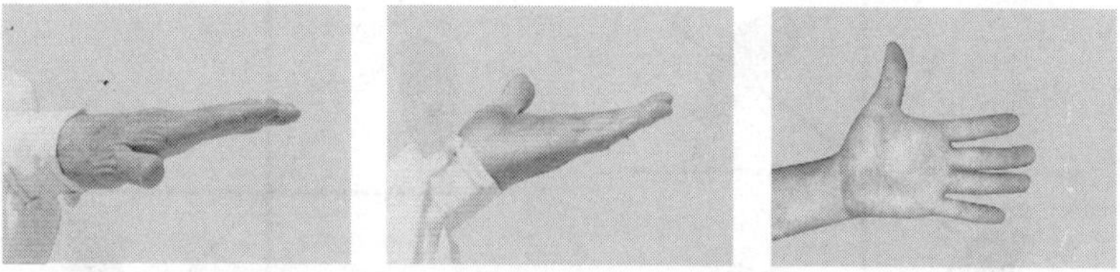

掌

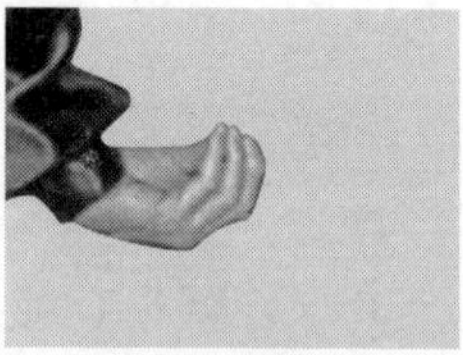

阳 实钩

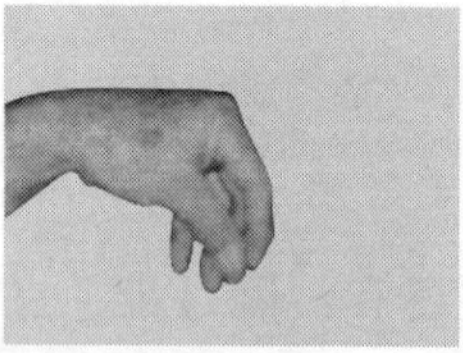

阴 虚钩

4. 书中说到松脚，是简称，应从下往上松脚（脚趾）、松踝、松膝、松胯、松腰、松肩、松肘、松腕、松手（手指）。每个动作都应先松脚，这是太极内功必修的“太极脚”。

在 29 式中单鞭、斜单鞭为虚钩，虚钩松拢就好，勿用拙力。

(三) 方向、方位及八方线

自然太极拳在习练时也有严格的规范。

1. 八方线和弧形线

传统太极拳对方向方位，单腿重心，脚下八方线中心点有严格要求。实脚脚下（腿）是八条线的中心点（见八方线图）。

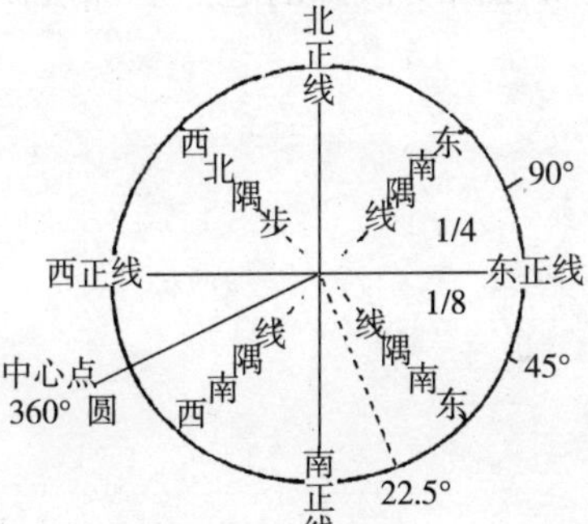

八方线图

注：①东西南北四条正线称正线，也称正位。以实脚为准，脚尖朝东为东正线（东正位），脚尖朝南为南正线（南正位），以脚尖朝向为准。

②四条隅线，拳中也称隅位。

弧形线是八方线的边缘线（见弧形线图）。

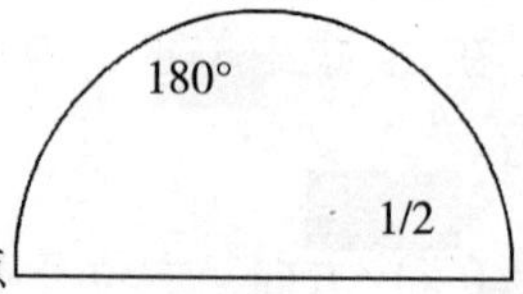

弧形线图

360°圆形八方线分为4块，180°弧线，90°弧线，45°弧线，22.5°弧线。

太极拳是圆和点的组成，大圆有大弧线，小点也是圆。弧线的特点是由低点—高点—低点。小点也是圆，它也同样有弧形线。圆在拳中称为环，怎么乱的环也是低点—高点—低点。这是弧形线的规律，太极拳没有直线和横线，动则弧形线。

轻扶八方线：实手的实指不用力，轻轻扶着拳套路路线，空手轻扶是太极内功修炼的起点。深层修炼会遇到这个问题。

祝大形拳照赏析

太极文化和文化太极

（代跋）

太极文化和文化太极，是一个层面上的同一事物的两个方面，是从文化视角看太极拳。

笔者的太极拳理论专著《太极内功解秘》，由原国家武协主席、国家武术院院长徐才先生作序《弘扬太极文化》，徐公写道："我把武术太极拳看做是一个文化性的事业。发展武术太极拳是弘扬中华民族优秀传统文化的一个壮举。武术太极拳作为传统文化的一个组成部分，涵盖着中国古典的哲学、美学、伦理学、兵法学、中医学等博大文化的内容。习练武术（太极拳）不只可以健身强体，而且会受到中国传统文化的感染和熏陶。看到海内外朋友在习武练拳时，从一招一式体会阴阳太极之理，品味养生处世之道，真可谓是一个绝好的中国传统文化课。优秀的传统文化需要通过一个载体去传播的，武术太极拳就是一个文化传播的载体。"

教授太极拳，不是单单教拳套路，而是传播太极文化，如果只干巴巴地教授一套拳架子，没有文化内涵，还是博大精深的太极拳吗？练体操领操员的领操口令一、二、三、四……练操者随着口令和手脚机械地伸展和收缩，虽然手脚在动，但手和脚并不是一个整体运动，而太极拳也如此动作，无异于练太极操。体操是体操，太极拳是太极拳，同是肢体在动，但其质量和效益是截然不同的。从太极拳诞生至今，随着中华文明的发展而日臻完善，如果从唐代李道子的太极拳理论《授秘歌》计算，也有千余年的发展史。至清代太极拳走上鼎盛时期，太极文化也随着中华文明的发展从山野农村走向京都，进而越过长江，冲出亚洲，走向世界。吴图南先生说得好，他说："（太极拳）科学化，群起研究，互相探讨。成为真善美的体育活动，推而广之。渐及于全世界，全人群，岂不伟欤！"这也显示了太极文化的魅力。

文化太极决不是干巴巴练一套拳架子。太极拳有它丰富的文化内涵，诸如阴阳变化，举动轻灵，上下相随，内外相合，虚实变换，用意不用劲，妙手空空等等。修炼太极拳不能全靠老师教，老师只能教会学生练拳架套路，所谓入门引路启蒙。内功修炼要靠学练者对太极拳的认识和理解去悟，悟得是自己的功夫。怎么去悟呢？由"着熟"而"渐悟懂劲"，由"懂劲而阶及神明"，修炼者的"着熟"很重要。先贤也提倡悟，从哪方面去悟呢？我在多年的太极拳修炼中，体验出从道法、心法、拳法三个方面去悟，是进入太极拳内功的准确的通途。

道法：太极拳运动从唐代李道子的《授秘歌》计算走过千余年的历程，到晚清发展到鼎盛时期。陈鑫、宋书铭两位先贤是清末民初跨朝代的太极大师、太极拳理论家。他们的拳论字字珠玑，脍炙人口，像"掤捋挤按世间稀，十个艺人十不知。果能粘连黏随字，得其怀中不支离"、"轻灵活泼求懂劲，阴阳既济无滞病"、"无形无象，全体透空"、"万象包罗易理中"（宋书铭）。"浑然无迹，妙手空空"、"一引一进，奇正相生"、"柔中富刚，人所难防"、"每日细玩太极图，一开一合在吾身"、"返真归朴后，就是活神仙"、"其大无外，其小无内"、"秀若处女，不可带张狂气，一片幽闲之神，尽显大雅风规"（陈鑫）。

研究拳理是每位深研者责无旁贷的神圣职责。陈鑫大师在学拳须知中，提到学拳先学读书，书理明白，学拳就容易了。可见学拳明理是多么重要！

心法：学练太极拳要有一个平和的心态，不能这山望着那山高，想经络想血道，想这想那什么拳也练不好。请重温金庸先生关于习练太极拳的心法。金庸先生在《太极拳讲义》的跋中写道：练太极拳，练的主要不是拳脚功夫，而是头脑中、心灵中的功夫。如果说以智胜力，恐怕还是说得浅了，最高境界的太极拳，甚至不求发展头脑中的“智”，而是修养一种冲淡平和的人生境界，不是以柔克刚，而是根本不求“克”。脑中时时存着一个克敌对手的念头，恐怕练不到太极拳的上乘境界，甚至于，存着一个练到“上乘境界的念头”去练拳，也就不能达到这个境界吧。

没有平和安静的心态，欲想练好太极拳是困难的，所以，我们提到“和谐太极”，这是太极文化的特性。

拳法：练太极拳要改变思维、改变观念。以常人的思维，以常人的观念很难领悟到太极拳的特性，通俗地说，要逆向思维，才能练好太极拳。

太极拳有它自身的运动规律和运行轨迹，人类有人类的运动规律和运行轨迹。因为人类的主观、主动随时表露出来，这种主观和主动是人类习惯性的生活规律。人类活动跟太极拳活动是不相融的。习练太极拳，要放弃人类自身的运动规律和运行轨迹，服从于太极拳的运动规律和运行轨迹，不能主观、主动。行功练拳应减法，被动练。一句话，“让太极拳练你，不是你去练太极拳”。自然、减法、被动练拳并不复杂，操作并不麻烦。我有“三动三不动”一文在《太极内功解秘》一书中。练拳修炼中，手动脚不动，手的动作越少、越小方可体验到太极拳的真谛。有“太极不用手，手到不要走”“太极无手”之说。我主张“大动不如小动，小动不如微动，微动不如不动”。

主动、主观永远练不好太极拳。自然减法、被动习练太极拳是太极文化之特性，也是不二法门的自我最佳训练法。

以上是我对太极文化，文化太极的体验，和拳友共同研究共同提高。因为提高太极水平不是一家一户一个人的事情，要提高太极拳的整体水平，众人拾柴火焰高，就是这个理。

有人询问如何提高太极拳水平，练拳时每动先松脚，有人松脚练之后，感觉周身很舒服，常练推手的朋友，松脚推手，脚下桩功牢固了，胜算几率多于失败，这种现象是不是整体水平提高了。可以这么说，这是自然太极拳家的贡献。还是老话，一家一户几个人去努力远远不够，我认为各家各派摈弃私心，团结一致取长补短共同努力，为推广传播中国太极拳才是个办法。

我一直相信总会有一天有一项大型活动，太极拳的演示表演，不提什么式，以自然引出传统太极拳的示范团演这一天我们能等到。说等到就到了，2008 年北京奥运会开幕式上的太极拳表演，就未标明什么式，一个圆形队伍中推出两个字：自然。

（摘自《太极揉手解密》）